<그리스도인이면 꼭 알아야 할 성경 지식>

왜 예언을 공부해야 하는가?

서울솔로몬학교 성경연수원

차 례

이 책에 인용된 성경 구절은 〈한글킹제임스성경〉입니다.

제1과
성경의 예언이란 무엇인가?

『내가 또 그 땅에 대하여 선언하였던 모든 내 말, 즉 예레미야가 모든 나라들에 대하여 예언하였던 이 책에 기록된 모든 것을 그 땅에 가져오리라』(렘 25:13).

세상 종교로는 어림도 없는 일

<u>세상 종교들이 성경적 기독교 신앙을 흉내조차 내지 못하는 두 가지 요소는 "부활"과 "예언"이다</u>. 특히 세상 종교들은 감히 예언할 수 없다. 함부로 예언했다가는 그 종교의 존립 자체를 뒤흔들 수 있기 때문이다. 자칫 잘못 예언했다가 그 예언들이 성취되지 않으면 그 종교와 경전은 가짜로 판명될 것이고, 그 종교에 대한 신뢰가 떨어져 진작 지구상에서 사라져 버렸을 것이다. 그러나 성경은 그런 쓸데없는 종교들이나 경전들과는 확연히 다른 책이다. 그래서 하나님께서는 세상 종교들과 우상 숭배자들을 향해 이렇게 도전하신다. 『**주가 말하노니 너희는 송사를 일으키라. 야곱의 왕이 말하노니 너희의 강력한 주장을 내어 놓으라. 그들로 주장들을 내어 놓고 무슨 일이 일어날지를 우리에게 보이게 하라. 그들로 이전 일들을 보이게 하여, 그것들이 무엇이든지 간에, 우리로 그 일들을 숙고하고 그 일들의 나중 결말도 알게 하라. 아니면 앞으로 있을 일들을 우리에게 선포할지니라. 이후에 있을 일들을 보여 주어 우리로 너희가 신들인 것을 알게 하라. 정녕, 선을 행하거나 악을 행하라. 우리가 놀라며 그것을 함께 보리라**』(사 41:21-23). 참된 경전에 대한 시금석은 역사 속에서 온전히 성취된 예언들에 있다. 그래서 진리의 말씀인 성경은 어떠한 주저함도 없이 과감하게 예언하는데, 특히 이 예언들을 가리켜 성경은 『**확실한 예언의 말씀**』(벧후 1:19)이라고 말씀한다.

성경은 "역사책"이다!

"**성경은 역사책이다!**" 성경을 단순한 종교 서적으로 취급하는 사람이 있다면, 그는 성경을 올바른 관점으로 읽지 않는 사람이고 성경이 어떤 책인지 감조차 못 잡는 사람이다. 이 한 권의 책 안에는 세상의 어떤 책보다도 과거, 현재, 미래 역사에 관한 더 많은 역사적인 정보들과 절대적인 진리를 담고 있다. 만일 성경이 역사책이 아니라면, 하나님께서 이 책의 첫머리를 전혀 종교적이지 않은 내용으로 시작하실 이유가 없다. 『**태초에 하나님께서 하늘과 땅을 창조하셨느니라**』(창 1:1). **이것은 "역사의 시작"을 보여 주는 위대한 선언이다**.

처음부터 역사를 기술하고 있는 성경은 여타의 종교 서적들과 다르게, "군대를 계수하고 소집하는 내용"(민 1:1-54), "장자권을 판 대가로 팥죽을 먹는 에서"(창 25:29-34), "암논이 이복 여동생을 강간한 사건"(삼하 13:1-14), "사람들의 계보"(대상 1:1-9:44), "가축을 기르는 자들의 조상인 야발과 하프와 오르간을 다루는 자들의 조상인 유발"(창 4:20,21), "아나가 광야에서 노새들을 발견한 사건"(창 36:24), "새끼 염소를 어미의 젖으로 삶아서는 안 된다는 내용"(출 23:19), "여호사밧 왕 때 에시온게벨에서 배들이 파선한 기록"(왕상 22:48), "성막과 성전 건축," "145회 이상의 전쟁" 등 순전히 "역사적인 사건들"을 다루고 있다. 이상의 역사적인 사건들은 하늘나라나 지옥, 경건한 삶이나 영적 생활 혹은 종교적인 삶과 아무런 상관이 없다. 이로써 우리는 성경이 "역사책"이라는 사실을 깨닫게 된다.

한편 성경이 역사책이라는 사실은 하나님과 성경을 거부하는 인간들의 마음을 몹시 불편하게 하고 견딜 수 없게 만든다. **성경이 역사책이라면 하나님께서 인류 역사에 개입하신다는 뜻이 되기 때문이다**. 그래서 사람들은 수단과 방법을 가리지 않고 성경을 변개하고 신뢰를 잃게 하며, 조롱하고 금서 목록으로

지정하고, 찢고 불태워 버리려 하는 것이다. 또한 어떤 학교 교실에서도 성경을 역사책으로 가르치거나 배우는 것을 허용하지 않는다. 어떤 역사가들도 성경이라는 역사책에 주목하지 않는다. **하지만 인류가 역사 속에서 하나님을 밀어내는 것은 불가능하다**. 『알파와 오메가요 시작과 끝이며, 처음과 마지막』(계 22:13)이신 주님께서는 "그분의 이야기"(His Story), 곧 "역사"(History)를 시작하셨을(창 1:1) 뿐만 아니라, 지금도 그 역사를 주관하고 계시며(히 1:3), 장차 그 역사를 끝내기도(벧후 3:10-12, 계 20:11) 하시는 분이기 때문이다.

역사의 주인공을 배제한 채 기록한 모든 세속 역사는 편견과 오류로 가득 찰 수밖에 없고, 그런 식의 역사책들은 하나님을 불쾌하시게 만든다. **하지만 성경은 인간이 발견한 과학적 · 역사적 · 고고학적 증거들이 없이 그 자체만으로도 충분하고 무오한 증거로 제시될 수 있고, 어떤 편견이나 오류도 없는 유일무이한 "참된 역사책"이라는 사실을 믿어야 한다**. 호주의 고고학연구소 소장이었던 "클리포드 윌슨"(1923-2012) 박사는 "지금까지 발견된 어떤 고고학적 증거물도 성경과 어긋난 적이 없다. 성경은 이 세상의 어떤 역사책보다도 가장 정확한 역사책이다."라고 말했다.

▲ 금촛대 가운데 계신 주님

만일 성경이 "역사책"이라면 이 안에 기록된 모든 사건은 제시간에 역사 속에서 실제로 일어나야 한다. 과거에도 그러했고, 현재도 그 역사는 실제로 일어나고 있으며, 미래에도 그 역사적인 사건은 실제로 일어나게 될 것이다. 이런 역사적인 관점에서 중요한 것은 그 역사적인 사실이 "진실인가 아니면 거짓인가"의 문제다. 이 책 안에 기록된 역사에 대해 누군가가 믿든지 믿지 않든지, 그것은 이미 정해진 역사와 그 내용에 어떤 영향도 줄 수 없다. 역사는 "역사"일 뿐이기 때문이다. 말하자면 "하나의 팩

트"(a fact)인 것이다. **특히 이 책 안에 기록된 모든 미래의 역사적 사건들은 반드시 일어날 것인데, 그런 점에서 성경은 "무서운 책"이며, 또한 이 세상에 있는 수천만 권의 책들을 다 합한다 해도 성경에는 결코 적수가 될 수 없다**.

인간은 선택해야 한다. 이 한 권의 역사책인 성경을 선택할 것인가 아니면 세상의 다른 책들을 선택할 것인가를 결정해야 하는 것이다. 생전에 24,000권 이상의 많은 책을 읽은 피터 럭크만 목사는 역사책인 성경에 대해 이렇게 말했다. "이 세상에는 성경과 같은 책을 찾아볼 수 없기에 나는 나의 전 생애를 성경 한 권에 걸 수밖에 없었다." 물론 선택은 개인의 자유이고, 그에 대한 책임은 반드시 그 당사자가 져야 한다. 그러나 하나님을 대면하게 된 상황에서는 자신이 이미 선택한 결정을 번복할 수 없다. 인간이 할 수 있는 가장 현명한 선택은, 모든 역사를 주관하시는 하나님과 그분께서 친히 기록하신 이 성경 앞에 겸손히 무릎을 꿇고 그 역사의 주인이신 주님의 말씀을 있는 그대로 믿고 그분의 명령에 온전히 승복하는 것이다.

■ 새롭게 깨달았거나 적용할 내용이 있다면 적어 보세요. ■

성경의 예언은 "미리 기록된 역사"이다!

성경이 역사책이라면 성경에 기록된 예언 역시 "역사"이다. "미리 기록된 역사"인 것이다. 그래서 어떤 사람은 "예언이 역사의 주형틀"이라고 말했다. 처음부터 하나님께서 의도하신 대로 앞으로 일어날 미래 역사에 대한 주형틀이 예언적인 형태로 이미 존재해 있었고, 그 틀에 맞게 모든 역사가 하나님의 섭리 속에서 흘러가는 것이다. 그래서 "역사"(歷史)가 이미 이루어진 역사적인 사건의 "사후 기록"이라면, "예언"(豫言)은 아직 이루어지지는 않았으나 반드시 이루어질 역사적인 사건의 "사전 기록"이다.

그렇다면 어떻게 역사를 미리 기록할 수 있는가? 미래의 역사를 미리 기록하실 수 있는 분은 오직 하나님 한 분밖에 없다. 왜냐하면 하나님께서는 시간과 공간에 구애받지 않으시는 분이기 때문이다. 전능하신 하나님께서는 "시공간"을 초월하여 영원부터 영원까지 살아 계시고(시 90:2), 또한 공간적으로도 모든 분자 활동과 시간이 정지된 "영원"이라는 장소에 거하신다(사 57:16). 시공간을 초월하시는 영원하신 하나님이신 것이다.

하나님께서는 어떤 일이 실제로 일어날 미래의 시점에 실제로 가 계실 수 있다. 그래서 어떤 시점의 기록이라도 주님께서 보시기에는 미래가 아니라 과거의 사건이 될 수 있다. 보통 예언이라고 하면 미래에 일어날 일이므로 인간적인 관점에서 볼 때 시제를 "미래 시제"로 기록하는 것이 타당해 보일 것이다. 그런데 성경에는 분명 예언인데 과거 시제로 기록된 예언들도 많이 등장한다. 이것은 오류가 아니다. 또는 과거에 이미 성취된 예언을 언급하는 것도 아니다.

하나님께서는 영원부터 영원까지 살아 계시는 분이기 때문에, 앞으로 일어날 미래의 예언도 하나님께는 과거에 일어난 사건으로 여겨질 수 있다. 그래서 예언이 종종 과거 시제로 기록되기도 하는 것이다. 교회의 휴거, 대환란 때의

▲ 미래로 이동한 요한

재앙들, 예수 그리스도의 재림, 아마겟돈 전쟁, UN의 2억 명의 군대가 몰살되는 사건, 천년왕국, 사탄의 마지막 반역, 하늘과 땅이 불타 없어지는 일, 백보좌 심판 등 이 모든 예언은 인간에게는 미래에 속한 일들이다. 그러나 하나님께서는 이 모든 사건을 이미 다 경험하신 과거 사건들처럼 성경에 기록해 두셨다. 마치 A.D. 3000년 이후 저 먼 미래로 건너가셔서 이 사건들을 과거의 역사처럼 뒤로 바라보시면서 미리 기록하시는 것과 같다(피터 럭크만 목사의 〈"성경"을 모르는 민족은 망했다〉, pp.220,221). 그래서 하나님께서는 예언을 기록하실 때 시제에 구애받지 않으시는 것이다. 미래 시제든, 과거 시제든, 현재 완료든, 현재 시제든, 미래를 어떤 시제로 기록하든 하나님께는 전혀 문제가 안 된다. 영원부터 영원까지 어느 시점에든 계실 수 있는 분이기 때문이다. 따라서 우리는 그것이 과거 시제로 기록되었든지 미래 시제로 기록되었든지, 분명한 예언이라면 반드시 그 예언이 미래에 성취될 것이라고 믿기만 하면 된다.

이것이 바로 성경의 예언이다. 성경 이외에 다른 종교나 경전들은 감히 이런 예언을 할 엄두조차 못 낸다. 성경만큼 역사상 이루어져 왔던 수많은 예언을 담고 있는 책이나 경전은 단 한 권도 없다. 역사상 이미 이루어진 예언들, 곧 초림과 관련하여 과거에 이미 성취된 300여 개의 예언이 우리 앞에 있을 때, 아직 이뤄지지 않은 예언들, 곧 재림과 관련하여 앞으로 성취될 500여 개의 예언도 반드시 이루어질 것이라고 우리는 확신할 수 있다. 그래서 성취된 예언들은 어떤 기적들보다도 "성경의 영감성과 무오성"에 대한 확실한 증거가 된다.

제1과
복습문제

1. 세상 종교들이 성경적 기독교 신앙을 흉내조차 내지 못하는 두 가지 요소는 (   )과 (   )이다.

2. 기본적으로 성경은 "종교 서적"이다. (O , X)

3. 성경에 기록된 예언은 "미리 기록된 (   )"이다.

4. 성경의 예언은 미래 사건이므로 반드시 시제를 "미래 시제"로 기록해야 한다. (O , X)

5. 성경의 성취된 예언들은 어떤 기적들보다도 성경의 영감성과 무오성에 대한 확실한 증거가 된다. (O , X)

6. 『내가 또 그 땅에 대하여 선언하였던 모든 내 말, 즉 예레미야가 모든 나라들에 대하여 (   )하였던 이 책에 기록된 모든 것을 그 땅에 가져오리라』(렘 25:13).

■ 복습 문제의 정답은 홈페이지(www.solomonbtc.org)에서 확인할 수 있습니다.

NOTES

NOTES

제2과

성경의 예언의 특징과 해석 방법

『먼저 이것을 알지니, 성경의 어떤 예언도 사사로운 해석에서 나온 것이 아니니, 예언은 예전에 사람의 뜻에서 나온 것이 아니요 오직 하나님의 거룩한 사람들이 성령으로 감동을 받아 말한 것이니라』(벧후 1:20,21).

예언은 문자적으로 해석해야 한다

인류의 역사 속에서 1세기를 제외하면 "20세기"가 성경의 예언이 역사상 비길 데 없이 유별나게 많이 성취된 시기로서 독보적인 위치를 차지한다. "역사"는 예언을 해석하는 데 있어서 더 중요한 질문들에 관한 해답을 제시한다. **다시 말해 역사는 정확히 문자 그대로 성취된 300가지 예언의 예들을 제시함으로써, "과연 예언이 문자적으로 해석되어야 하는가?"라는 질문에 답변해 주는 것이다**. 흔히들 예언은 문자적이지 않기에 비문자적으로 해석되어야 한다고 주장하지만, 그런 믿음은 성경적 계시에 있어서 아무런 근거도 갖고 있지 못하다. 의심할 필요도 없이 비문자적인 관점은 예언을 해석하는 데 혼란을 일으키는 주요 원인 가운데 하나다.

물론 다니엘, 에스겔, 요한계시록 안에 기록된 몇몇 예언들은 "비유적 언어"로 되어 있으므로 비유적으로 해석해야 마땅하다. 그러나 예언들 대부분이 문자적으로 해석할 때 그 의미를 분명히 깨달을 수 있으며, 성경에서 그렇게 해석되지 않고 방치된 예언은 거의 없다. 성경의 기록이 확실하다는 사실은 그 예언이 성취됨으로써 표면적으로 드러나게 되고, 각 예언이 미래에 문자적으로 성취될 것이라는 예상 또한 그로 인해 가능하게 된다(존 F. 왈부어드의 〈새 천년에 이루어질 성경의 예언들〉, pp.15,16 발췌 편집).

성경의 예언들의 특징

1. 성경의 예언들은 그 일들이 성취되기 이전에 이미 선포되고 알려져 있었다.

누구나 그것을 분명하게 확인할 수 있도록 반드시 사전에 알려져 있어야 예언이라 할 수 있다. 예측은 결코 예언이 아니다. 성경은 아직 존재하지도 않는 미래 세계의 정치적인 지배 세력들에 대해 정확하고 분명하게 제시해 준다. 어떤 일들이 일어나기도 전에 그 일들에 대해 미리 알려 주는 것이다. 성경은 역사나 미래에 있어서 종합적인 세계관을 일목요연하게 제시하는 역사책이다.

2. 성경의 예언들은 인간의 모든 예견을 능가한다.

성경은 인간이 전혀 예측하지 못하는 사실들에 대해 예언하고 있고, 또한 그 예언들은 정확하게 성취된다. 일례로 로마의 티투스 장군(A.D. 70년)에 의한 성전 파괴(눅 21:6), 이스라엘의 회복, 십자가에 못 박혀 죽으신 예수 그리스도의 뼈가 부러지지 않고 간수되는 것(시 34:20)에 관한 예언들은 모두 인간의 예견을 벗어나는 것이었다. 그러나 아무리 인간이 무슨 예견을 하고 또 그 예견대로 되도록 임의로 상황을 조작하려 해도 성경 예언의 성취를 막을 수는 없다. 왜냐하면 예언은 실제로 일어날 역사이기 때문이다. 하나님께서 친히 말씀하신 그 예언을 아무도 폐기하거나 변경할 수 없는 것이다.

3. 성경의 예언들은 예언이 공표된 때와 성취되는 때 사이에 충분한 시간적 간격을 두고 있다.

성경은 시간과 장소에 구애받지 않고 가깝게는 10년에서 멀게는 2,000년, 심지어 3,800년 이후까지 미래의 날씨, 국가, 교전, 동맹, 종교, 변절, 교회, 어떤 개인 등에 관하여 다양하게 예언함으로써 충분한 시간적인 간격을 두고 있다.

4. 성경의 예언들은 매우 구체적이고 상세하다.

예언이 구체적이고 상세해야 하는 이유는 확실한 증거를 통해 검증할 수 있어야 하기 때문이다. 우리가 성경에 나오는 800개의 예언 중에서 아직 성취되지 않은 500개의 예언이 반드시 성취될 것이라고 확신할 수 있는 것은, 이미 성취된 300개의 예언이 구체적이고 상세하게 확실한 증거와 더불어 제시되고 있기 때문이다. 하나님의 모든 약속은 매우 구체적이고 상세하며 확실하게 보증되어 있다(고후 1:20). 성경이 없다면 현재와 미래에 대해 갖고 계신 하나님의 계획을 비추어 볼 등불이 없게 된다는 점을 기억해야 한다.

■ 새롭게 깨달았거나 적용할 내용이 있다면 적어 보세요. ■

5. 성경의 예언들은 "이중적인 적용"(Dual Application)이 가능하다.

예언들 대부분은 당대의 "역사적인 사건"에만 국한해서는 안 된다. 미래의 재림 때에 일어날 사건들에까지 적용해야 하는 것이다. 특히 당시 역사적인 상황에서는 문자적으로 도저히 적용할 수 없는 예언들이 상당수 발견되는데 그것은 미래의 재림 때에 적용할 수밖에 없다. 일례로 이사야 13,14장에 나오는 예언들은 역사적인 바빌론에만 국한되는 내용이 아니며, 미래의 대환란 때 등장할 신비의 바빌론과 사탄에게도 적용된다. 예언이 이중적으로 적용된다는 사실을 간과하면, 성경의 3분의 2 이상을 그냥 덮고 지나치게 된다.

6. 성경의 예언들은 초림과 재림이 순차적으로 제시되지 않는다.

구약에서 예언들이 기록된 본문들을 보면, 초림에 관한 예언을 언급했다가 재림에 관한 예언을 언급하고, 또다시 초림에 관한 예언이 등장하고, 이런 식으로 하나의 "장"이나 하나의 "문단" 안에서 초림과 재림이 서로 왔다 갔다 하는 것이 발견된다. 또 어떤 경우에는 하나의 구절 안에서 "쉼표"(,)를 통해 초림과 재림이 나뉘기도 한다. 심지어 그 안에서 순서가 바뀌어 있기도 하다. 사실 구약 성도들에게는 초림과 재림이 구분되어 있지 않다. 왜냐하면 그들에게는 교회시대가 감추어져 있었기 때문이다. 『**이 구원[믿음을 통한 구원]에 관해서는, 너희에게 임할 은혜에 관하여 예언한 선지자들이 열심히 조사하고 살펴보던 것이며, 그들 안에 계셨던 그리스도의 영이 그리스도의 고난과 다가올 영광을 미리 증거하실 때, 그 영이 무엇을, 또 어떤 시기를**

지시하시는지 탐구하던 것이니라. 그들이 행한 사역들은 자신들을 위한 것이 아니라 우리를 위한 것임이 그들에게 계시되었고 이것이 하늘로부터 보내신 성령으로 너희에게 복음을 전한 자들을 통하여 너희에게 이제 전해졌으며 천사들도 살펴보기를 간절히 바라는 것들이니라』(벧전 1:10-12).

성경의 예언을 해석하는 방법

성경의 예언들은 문자 그대로 해석하고 받아들여야 한다. 왜냐하면 기본적으로 성경의 어떤 예언도 문자 그대로 성취되지 않은 적은 단 한 번도 없기 때문이다. 성경 해석의 기본 원칙은 문자적인 해석이다. 따라서 예언 또한 문자적인 해석의 원칙에서 벗어날 수 없다.

특히 하나님께서는 정확하게 시간을 지키신다. 성경의 예언은 미리 기록된 역사이기에 그것이 일어나야 할 시기에 반드시 일어나게 되어 있다. 여기에는 한 치의 오차도 있을 수 없다. 역사를 주관하시는 하나님께서는 정확하게 시간을 지키시는 분이기 때문이다. 그러나 인간은 때때로 하나님께서 정말 그분의 약속들을 정확하게 성취하실 만큼 주변 상황과 모든 역사적인 변수들을 통제하시고 주관하실 수 있을까 하고 의문을 갖기도 한다. 그러나 성경에 나오는 여러 가지 사례들은 하나님께서 친히 예언하신 말씀들을 성경에 기록하신 그대로, 특히 정확한 시간에 얼마나 놀랍도록 문자 그대로 정확하게 성취하셨는가를 잘 보여 준다.

성경의 어떤 예언도 문자 그대로 성취되지 않은 것은 없으므로, 예언을 문자적으로 해석하지 않는 사람만 손해를 보게 된다. **베드로후서 1:20,21은 성경의 예언을 왜 문자적으로 해석해야 하는지 그 이유를 잘 설명해 준다.** 『**먼저 이것을 알지니, 성경의 어떤 예언도 사사로운 해석에서 나온 것이 아니니, 예언은 예전에 사람의 뜻에서 나온 것이 아니니요 오직 하나님의 거룩한 사람들이 성령으로 감동을 받아 말한 것이니라.**』 예언이 사사로운 해석에서 나온 것이 아니라면 사사롭게 해석해서는 안 된다. 또한 예언이 하나님의 거룩한 사람들이 성령으로 감동을 받아 말한 것이라면, 그것은 있는 그대로 문자적으로 해석하지 않고서는 그 온전한 의미를 이해할 수 없다.

"**문자적인 해석은 성경 해석의 대원칙이다!**" "문자적인 해석"이란, 성경에 쓰여 있는 그 문자와 언어 그대로 이해하라는 의미이다. 특히 문자적인 해석은 예언들과 관련될 때 그 무오성이 강조된다. 물론 언약신학을 신봉하는 무천년주의, 칼빈주의에서도 기본적으로는 성경을 문자적으로 해석한다고 주장한다. 하지만 이들은 역사적인 평이한 서술 외에는 문자적으로 해석하기를 거부한다. 즉 예언에 있어서 이들은 철저히 비유적이고, 상징적인 해석으로 일관하는 것이다. 그래서 예수 그리스도께서 문자 그대로 재림하신다는 실제적인 예언을 간과해 버린다. 예수 그리스도께서 재림하신다는 사실 자체는 믿는다고 하면서도, 재림과 관련된 성경의 모든 예언은 철저하게 상징화하는 것이다.

■ 새롭게 깨달았거나 적용할 내용이 있다면 적어 보세요. ■

역대기하 20:20에서는 "하나님의 선지자들을 믿으라. 그리하면 너희가 성공할 것이라."라고 말씀한다. 성공하기 원하면 선지자들의 말을 믿어야 한다. 왜냐하면 그것이 하나님의 말씀이기 때문이다. 선지자들을 통해 기록된 예언의 말씀이 문자 그대로 이루어질 것을 믿고 그 예언을 주시하며 열심히 공부하는 사람들은 절대로 실패하지 않는다.

성경은 미리 기록된 역사책이다. 이것을 가볍게 여겨서는 안 된다. 역사를 주관하시는 하나님께서 하시겠다고 하면 반드시 이루어지는 "역사"인 것이다. 그래서 우리는 진리의 말씀인 성경에 우리의 모든 것을 걸어야 한다. 이제 우리에게 주어진 시간은 얼마 남지 않았다. 주님께서는 이제 곧 오신다. 그래서 우리는 생이 끝나는 마지막 그 순간까지 이 예언의 말씀에 모든 것을 걸 수 있는 능력과 열정과 힘을 달라고 아버지 하나님께 기도하면서 예수 그리스도의 재림에 대한 소망을 더욱 확고하게 다져야 할 것이다.

■ 새롭게 깨달았거나 적용할 내용이 있다면 적어 보세요. ■

제2과
복습문제

1. 성경의 예언들은 반드시 "한 가지"로만 적용해야 한다. (O , X)

2. 성경의 예언들은 인간의 모든 예견을 능가한다. (O , X)

3. 성경의 예언들은 예언이 공표된 때와 성취되는 때 사이에 충분한 시간적 간격이 있을 필요가 없다. (O , X)

4. 초림에 관한 예언과 재림에 관한 예언이 차례대로 기록되어 있지 않은 주된 이유는 구약의 성도들에게는 "교회 시대"가 감추어져 있기 때문이다. (O , X)

5. 성경의 예언은 말 그대로 예언이기 때문에 비유적 또는 상징적으로 해석해야 한다. (O , X)

6. 『먼저 이것을 알지니, 성경의 어떤 예언도 ( ) 해석에서 나온 것이 아니니, ( )은 예전에 사람의 뜻에서 나온 것이 아니요 오직 하나님의 거룩한 사람들이 성령으로 감동을 받아 말한 것이니라』(벧후 1:20,21).

■ 복습 문제의 정답은 홈페이지(www.solomonbtc.org)에서 확인할 수 있습니다.

NOTES

NOTES

NOTES

제3과

왜 예언을 공부해야 하는가?

『우리에게 더 확실한 예언의 말씀이 있으니, 날이 새어 샛별이 너희 마음에 떠오르기까지 너희가 어두운 곳에서 빛나는 빛에 주의하듯 이 예언의 말씀에 주의하는 것이 잘하는 것이니라』(벧후 1:19).

성경의 예언들을 공부해야 하는 이유

우리가 사는 "악한 현 세상"은 세상이 점점 더 좋아질 것이라고 주장하는 후(무)천년주의 역사관이나 진화론적인 역사관에 사로잡혀 있다. 이들이 그럴 수밖에 없는 것은 거듭나지 못한 대중이 미래 역사에 관한 한 일종의 "마약"이나 "환각제" 같은 것을 원하기 때문이다. 그래서 정치·종교 지도자들이 대중의 환심을 사기 위해서는 미래 역사에 대해 거짓말을 해야 한다. 왜곡된 역사관, 곧 "긍정적인 역사관" 또는 "성경과는 정반대되는 역사관"을 대중에게 심어 주어야 하는 것이다. 마치 변증법적 유물론자들인 공산주의자들처럼 "민중이 원하는 것"을 주고 있는 것이다. 역사가들 대부분은 "해피 엔딩"을 생각한다. 왜냐하면 병원 침대와 무덤만을 독자에게 주는 것은 인간성을 거스르는 범죄 행위로 여겨지기 때문이다(피터 S. 럭크만). 말하자면 성경의 부정적인 역사관에 따라 결론을 도출하는 것 자체를 "범죄 행위"로 보는 것이다.

그러나 역사가들의 "긍정적인 역사관"에 따른 기본적인 가정과 전제는 완전히 틀렸다. 왜냐하면 그것이 "주관적인 편견"의 결과물이기 때문이다. 사실 지난 수 세기 동안 모든 역사가가 남긴 증거들과 기록들을 보면, 그들이 주관적인 편견과 억측으로 역사를 기록하고 해석했으며, 역사를 왜곡하고 각색하면서 미화시켜 왔음을 알 수 있다. 결국 그들은 그렇게 성경의 예언을 극구 부인하다가 지옥으로 던져지고 말았다.

성경의 일곱 가지 예언의 기간

1. 아담에서 아브라함까지(B.C. 4000 ~ B.C. 1921)

➡ 이 기간은 일종의 "예언의 기간"이었다. 유다서 1:14,15에는 "에녹의 예언"이 등장하는데, 그는 "주께서 수만 성도들과 함께 오실 것"이라고 예언했다. 에녹은 재림에 관해 예언하도록 부르심을 받았던 것이다.

2. 아브라함에서 모세까지(B.C. 1921 ~ B.C. 1491)

➡ 이 기간은 주로 유대인을 중심으로 하는 경륜이 준비되고 시작되는 기간이다. 하나님께서는 아브라함에게 씨와 땅에 대한 약속을 중심으로 하는 "아브라함의 언약"을 주셨고, 또한 "네 씨가 사대 만에 돌아올 것"이라고 말씀하시는 가운데 이스라엘이란 민족을 준비시키셨다. 특히 창세기 20:7에 보면 아브라함이 선지자로 제시되고 있다. 선지자는 예언자라는 말인데, 선지자에게는 예언의 임무가 주어져 있는 것이다. 또한 이 기간에는 야곱이 자기 열두 아들들에 대해 미래를 예언하는 내용이 나오기도 한다(창 49:1).

3. 모세에서(출애굽부터) 호세아까지(B.C. 1491 ~ B.C. 900)

➡ 이 기간은 선지서를 기록하지 않은 선지자들의 기간이다. 즉 구약의 역사서(역대기하)까지의 기간, 곧 포로로 사로잡혀가기 전까지의 기간을 말하는데, 이 기간에는 선지자들이 많았어도 그들은 선지서를 기록하지

않았다. 이 기간에는 엘리야, 엘리사 등의 위대한 예언자들이 등장했다.

4. 호세아에서 말라키까지(B.C. 900 ~ B.C. 400)

➡ 이 기간은 선지서를 기록한 선지자들의 기간이다. 호세아, 이사야, 아모스 등의 선지자들이 활동했는데, 호세아부터, 즉 남북왕국 멸망 직전부터 멸망하고 돌아오고 회복되는 전체적인 기간, 곧 구약의 마지막 기간에 해당되는 기간이다.

❖ 말라키에서 침례인 요한까지(B.C. 400 ~ B.C. 4)
이 기간은 침묵의 400년의 기간으로서 예언이 주어지지 않는다. 그래서 말라키부터 침례인 요한까지는 예언의 기간에 포함되지 않는다. 말라키부터 요한까지는 소위 "신구약 중간기"로 불리는데 이때는 어떤 예언도 없었다.

5. 침례인 요한에서 그리스도의 부활 및 승천까지(B.C. 4 ~ A.D. 30)

➡ 이 기간은 초림의 전 과정으로서 예수님의 공생애 기간이 포함된다. 이 기간에는 예수님께서 여러 가지 예언을 하셨다.

6. 교회의 시작(행 2장)에서 휴거까지(A.D. 30 ~ A.D. 2021[+])

➡ 이 기간은 "교회 시대"다. 교회 시대도 또 하나의 예언의 기간이다. 요한계시록 19:10에서는 "예수의 증거가 예언의 영"이라고 말씀한다. 특히 교회 시대에는 설교가 일종의 예언이다. 기록된 하나님의 직접적인 말

씀을 근거로 예언할 수 있는 것이다.

7. 교회의 휴거에서 예수님의 재림까지(A.D. 2021[+] ~ A.D. 2028[+])

➠ 이 기간은 대환란 때로서 직접적인 예언의 기간이다. 이 기간에는 요한계시록 11장의 두 증인(모세와 엘리야)이 등장하여 적그리스도 앞에서 증거하고 이스라엘 백성에게 전파한다. 요한계시록 11:3에서는 그들이 1,260일(3년 6개월, 42개월) 동안 예언한다고 말씀한다. 144,000명의 동정들도 전파할 것인데, 그들이 전파하는 내용의 성격 역시 예언이다.

❖ 재림 이후 천년왕국 때

천년왕국 때는 예언이 모두 성취되므로 예언이 그치게 된다. 따라서 이 기간은 예언의 기간이 아니다. 이 시대에 예언하는 사람이 있다면 그는 거짓 선지자로 드러나고 결국 저주를 받게 된다(슥 13:3,4).

■ 새롭게 깨달았거나 적용할 내용이 있다면 적어 보세요. ■

예언을 공부해야 하는 이유

『우리가 우리 주 예수 그리스도의 능력과 오심을 너희에게 알게 한 것은 교묘하게 꾸며 낸 이야기를 좇은 것이 아니라 그의 위엄의 목격자들이었기 때문이라. 지극히 큰 영광으로부터 이러한 음성이 그에게 들려오기를 "이는 내 사랑하는 아들이요 그 안에서 내가 매우 기뻐하노라." 하실 때에 그가 하나님 아버지로부터 존귀와 영광을 받으셨느니라. 이 음성은 우리가 그와 함께 거룩한 산에 있을 때 하늘에서 나온 것을 들은 것이라. 우리에게 더 확실한 예언의 말씀이 있으니, 날이 새어 샛별이 너희 마음에 떠오르기까지 너희가 어두운 곳에서 빛나는 빛에 주의하듯 이 예언의 말씀에 주의하는 것이 잘하는 것이니라』(벧후 1:16-19).

우리는 왜 예언들을 공부해야 하는가? 성경의 3분의 2 이상이 예언이기 때문이다. 이 가운데 어떤 것은 "직접적인 예언"이고, 어떤 것은 "간접적인 예언"이다. "간접적인 예언"은 모형이나 상징을 통해 주어지는 예언을 말하는데, 일종의 "모형적인 예언"이다. 이러한 예언들을 무시하면 성경의 3분의 2 이상을 덮어 버리고 지나가게 된다. 사실 예언은 "성경의 본질"이다. 예언이 있기에 성경이 될 수 있는 것이다. 그래서 반드시 예언을 공부해야 한다.

위 성경 본문은 "예언의 중요성"을 강조하는 구절들로서, 베드로가 마태복음 17장에서 직접 목격하고 경험한 변형산 사건을 기억하며 기록한 내용이다. 그런데 베드로는 그가 직접 눈으로 본 그 확실한 것들보다 더 확실한 게 있다고 말하는데, 그것이 바로 "예언의 말씀"이다(벧후 1:19). 따라서 예언의 말씀에 주의하는 것은 참으로 잘하는 일이다. 예언의 말씀에 주의하고 있다면 예언을 믿어야 한다. 예언을 믿었다면 이제 그 예언이 어떻게 구체적으로 하나씩 역사

속에서 실현될지를 기대하면서 바라보기만 하면 된다. 이것이 성경대로 믿는 그리스도인들의 믿음이라는 사실을 기억해야 한다.

그렇다면 우리는 언제까지 예언의 말씀에 주의해야 하는가? 그 기한은 "날이 새어 샛별이 우리 마음에 떠오를 때까지"다. "샛별"(day star, 계 22:16 - "새벽 별," "morning star")은 의의 태양이신 "예수 그리스도"를 가리킨다. 바로 그 태양이 하늘이 아니라 우리 마음속에 떠오르는 것이다. 예수님께서 공중으로 다시 오실 휴거 때 주님께서는 우리의 마음속에 떠오르실 것이다. 그 순간 우리는 눈 깜짝하는 사이에 주님과 같은 몸으로 변모되어 공중으로 끌려 올라간다. 그때까지는 우리가 어두운 곳에서 빛나는 빛에 주의하듯이 어두운 밤으로 묘사되는 이 교회 시대에 우리 발의 등불이요 우리 길에 빛이 되는 이 예언의 말씀에 주의해야 한다. 왜냐하면 지금은 밤이 많이 지났고 낮이 가까운 시기로서 우리가 깨어 있어야 할 시간이기 때문이다(롬 13:11,12). 깨어 있기 위해서는 "예언의 말씀"에 주의를 기울이는 것 외에는 다른 방법이 없다(잠 4:18,19).

지난 20세기와 현 21세기는 유사 이래 찾아볼 수 없었던 변화의 시대라고 말할 수 있다. 과학과 정치면에서 역사상 찾아볼 수 없는 변화들이 일어났고 또 일어나는 것이다. 옛날에는 한 세기 동안에 걸쳐 일어났을 법한 큰 변화들이 요즘에는 1년 만에 일어나고 있다. 특히 20세기에 일어난 두 차례에 걸친 세계 대전은 전 세계를 쑥밭으로 만들어 놓았고, 원자 폭탄이나 미사일 전쟁은 온 세상을 축소했으며, 또 다른 전쟁 위협을 낳고 있다. 이런 일련의 역사적인 사건들은 성경의 예언을 공부하는 그리스도인들이 예언의 성취에 관한 잠재적인 힘에 눈을 뜨게 했다. 무엇보다도 이스라엘이 1948년에 한 국가로서 회복됨에 따라, 이스라엘이 다시 세계 중심에 오르게 될 마지막 시대에 관한 예언에 우리의 시선을 집중시키고 있다. 유엔이 등장함으로써 하나의 세계 정부라는 개념이 현실화되었고, 미래에 있을 하나의 세계 정부에 관한 예언과 일치하는 일종의 "역사적인 각본"이 구체화되고 있다. 유럽의 최근 사건들은 급변하는 정치적인 변화를 요구하고 있고, 독재주의의 부상을 알리는 변화들이 일어나는 것이다. 무엇보다도 우리가 죽지 않고 살아서 휴거될 수 있는 순간, 휴거 때 공중에서 우리의 이름을 부르실 그 순간이 임박해 있다. 이렇듯 마지막 날들에 있을 예언들이 하나씩 준비되고 성취되어감에 따라 우리는 예언을 더 열심히 공부함으로써 예언의 중요성을 인지하고 주님의 임박한 재림에 대한 소망을 더 확고하게 가져야 할 것이다.

■ 새롭게 깨달았거나 적용할 내용이 있다면 적어 보세요. ■

제3과 복습문제

1. 교회 시대는 직접적으로 예언이 주어지는 기간이 아니기에 "예언의 기간"이라고 말할 수 없다. (O , X)

2. 말라키부터 침례인 요한까지의 기간은 일종의 "예언의 기간"이다. (O , X)

3. 재림 이후 천년왕국 때도 여느 경륜적인 기간과 마찬가지로 "예언의 기간"이다. (O , X)

4. 『우리에게 더 확실한 ( )이 있으니, 날이 새어 샛별이 너희 마음에 떠오르기까지 너희가 어두운 곳에서 빛나는 빛에 주의하듯 이 ( )에 주의하는 것이 잘하는 것이니라』(벧후 1:19).

5. 위 4번에서 "샛별이 마음에 떠오르는 것"은 예수 그리스도의 지상 재림을 가리킨다. (O , X)

6. 예언은 "성경의 본질"이다. (O , X)

■ 복습 문제의 정답은 홈페이지(www.solomonbtc.org)에서 확인할 수 있습니다.

NOTES

NOTES

NOTES

제4과

예언의 말씀인 성경

『모든 성경은 하나님의 영감으로 주어진 것으로 교리와 책망과 바로잡음과 의로 훈육하기에 유익하니』(딤후 3:16).

계시의 책인 성경

1. 성경은 "각 시대에 따른 하나님의 계획과 목적"을 보여 주는 "계시의 책"이다.

➡ 성경은 신학, 도덕, 역사, 과학 등의 주제를 체계적으로 다루는 인간의 논문이 아니라 하나님과 인간의 타락, 구원 방법, 우주의 과거와 현재와 미래의 역사 등을 드러내 보여 주는 계시의 책이다.

2. 성경이 다루고 있는 것들은 다음과 같다.

1) "네 인격" : 아버지 하나님과 아들 하나님과 성령 하나님(마 28:19), 사탄(계 12:9)

2) "세 장소" : 하늘, 땅(창 1:1), 지옥(시 9:17, 막 9:44)

3) "세 부류의 백성" : 유대인, 이방인, 하나님의 교회(고전 10:32)

3. 성경은 "여러 번에 걸쳐 다양한 방법"으로(히 1:1) 조금씩, 점차적으로 인간에게 주어졌다.

1) 성경은 하나님의 거룩한 사람들이 성령의 영감(딤후 3:16)과 감동을 받아(벧후 1:21) B.C. 1600년경부터 A.D. 100년까지 약 1,700년간에 걸쳐서 기록한 하나님의 말씀이다.

2) 성경은 전체 66권으로 구성되어 있으며, 구약 39권과 신약 27권으로 이루어져 있다.

3) 성경을 기록한 사람들은 약 42명으로, 다윗, 솔로몬과 같은 왕이나 정치가인 다니엘과 느헤미야, 제사장 에스라, 이집트의 지식을 겸비한 모세, 유대의 율법에 정통한 바울, 목자인 아모스, 세리 마태, 무식한 어부인 베드로, 야고보 그리고 요한, 의사 누가가 있었고, 또한 이사야, 에스겔, 스가랴와 같은 능력 있는 선지자들도 있었다.

4) 성경은 계시와 교리에 있어서 "진전"을 보여 준다. 말하자면 족장들보다는 모세와 여호수아가, 모세와 여호수아보다는 선지자들이, 선지자들보다는 사도들이 더 많은 것을 알았던 것이다. 성경의 계시는 점진적으로 향상되어 왔으며, "향상된 계시"는 성경적인 표현이다.

5) 구약과 신약은 분리된 별개의 책이 아니며, 신약을 통해서 구약을 해석할 수 있다. 일례로 레위기는 히브리서를 통해 이해할 수 있고, 다니엘은 요한계시록을 통해 이해할 수 있으며, 유월절이나 이사야 53장은 사복음서를 통해 이해할 수 있다.

성경을 해석하는 방법

1. 성경은 하나님께로부터 온 계시이지만 "인간의 언어"로 기록되었기에 성경의 해석은 "문자적인 해석"을 바탕으로 한다.

1) 사람들은 의사소통을 위해서 언어를 사용하기 때문에 하나님께서 그분의 뜻을 정확하고 효과적으로 전달하기 위해서 언어를 사용하시는 것은 절대적으로 필연적이다. **언어는 하나님의 뜻을 알리는 필수적인 수단이다. 그러나 그 언어는 인간의 언어여야 한다. 만일 성경이 하나님만이 아시는 언어로 기록되었다면 성경은 인간에게 백지와 같게 되기 때문이다.** 한편 성경은 어느 나라 말로 번역되었든지 그 언어의 순수성을 전혀 손상시키지 않으면서도 말씀의 능력과 생명력을 그대로 유지하고 있다.

2) **성경의 언어는 비유적(Figurative), 상징적(Symbolical), 문자적(Literal)으로 표현되며, 이 가운데 "문자적인 해석"이 성경을 해석하는 가장 기본적인 방법이다.** 하나님께서 언어를 만드신 주된 목적은 인간과 교제하시고 그분의 메시지를 인간에게 전달하시기 위함이었다. 성경에 나타난 하나님과 인간 간의 직접적인 대화와 인간의 언어로 기록된 율법의 각종 규례는 성경을 문자적으로 해석해야 함을 증명하고 있다. 따라서 성경은 비유나 상징을 제외한 문자적 표현은 문자 그대로 해석되어야 한다.

3) 문제는 사람들이 성경의 말씀들이 계시하시고자 하는 것들을 그대로 받아들이려 하지 않는다는 데 있다. 인간은 자신의 교육과 환경, 편견을 동원하여 성경을 자기 구미에 맞는 교리에 갖다 붙여 가르치려는 악한 성향이 있는 것이다. 수많은 교단과 교파와 이단들이 난립하는 것은 바로 그러한 이유 때문이다.

■ 새롭게 깨달았거나 적용할 내용이 있다면 적어 보세요. ■

성경의 영감과 문자적인 해석의 관계

성경은 인간의 책이 아니라 하나님의 책이다. 성경은 단순히 사람들의 글을 모아 놓은 것에 불과한 것이 아니라 창세기부터 요한계시록까지 그 전체가 하나님의 말씀들을 기록해 놓은 것이다. 만일 성경이 사람들의 글을 모아 놓은 것에 불과하다면 우리는 성경을 믿을 수 없다. 그러한 책으로는 인간의 죄 문제를 해결할 수 없으며, 구원의 길을 제시할 수도 없고, 하나님의 뜻을 알 수도 없다. 단순히 온전한 진리를 "담고 있는" 정도의 책으로는 안 된다. 하지만 하나님께서 그 책을 쓰셨다면 성경은 진리임이 분명하며, 우리는 그 말씀을 신뢰할 수 있다. 성경에 대한 믿음은 하나님께 대한 전적인 신뢰에서 비롯되는 것이다.

성경은 아브라함, 야곱, 모세, 다윗, 솔로몬과 같은 위대한 인물들의 모든 죄, 곧 그들의 어리석음과 배반, 교만, 간음, 비겁, 살인, 음욕 등을 가혹할 정도로 상세하게 기록하고 있으면서도 그 모든 것들을 통해 진리를 계시한다. 이스라엘 백성의 역사를 배은망덕하고 우상 숭배와 불신과 반란으로 일관된 굴욕적인 모습으로 기술하고 있으면서도 그 모든 것들을 통해 진리를 계시한다. 이 점을 설명해 주는 것이 바로 "영감"이다. 『**모든 성경은 하나님의 영감으로 주어진 것으로 교리와 책망과 바로잡음과 의로 훈육하기에 유익하니 이는 하나님의 사람이 온전하게 되며, 모든 선한 일에 철저히 구비되게 하려 함이니라**』(딤후 3:16,17).

1. 성경을 "영감으로 기록하셨다"는 말이 무슨 뜻인가?

1) **디모데후서 3:16(『모든 성경은 하나님의 영감으로 주어진 것으로』)에 따르면, 영감은 하나님께서 그분의 말씀에 그분의 호흡을 불어넣으셨다는 뜻이다.**

➡ "영감"은 영어로 "inspiration"이라 하고, 헬라어로 "θεόπνευστος"(데오프뉴스토스)라고 하는데 둘 다 "하나님께서 호흡을 불어넣으셨다"는 의미이다. 마치 아담에게 그분의 생명의 호흡을 불어넣으시자 그가 살아 있는 혼이 되었듯이(창 2:7), 그분의 호흡이 불어넣어진(영감으로 주어진) 말씀 역시 "살아 있는 말씀"이라 불리게 되는 것이다. **『하나님의 말씀은 살아 있고 능력이 있어 양날이 있는 어떤 칼보다도 예리하여 혼과 영, 그리고 관절과 골수를 찔러 가르고 마음의 생각들과 의도들을 판별하느니라』**(히 4:12).

2) "사람 안에 있는 영"은 "하나님의 호흡"이며(창 2:7), 하나님의 호흡이 생명 없는 몸속으로 들어가자 그 몸이 생명을 지니게 되었다. **말하자면 "영감"은 어떤 대상 속에 생명을 불어넣는 성령 하나님의 행위인 것이다.** **『하나님의 영이 나를 지으셨고 전능하신 분의 호흡이 내게 생명을 주셨도다』**(욥 33:4).

3) **욥기 32:8의 "영감"(inspiration, נְשָׁמָה : 네샤마)이라는 단어는 성경의 영감에 관한 중요한 단서를 제공한다.** **『그러나 사람 안에는 영이 있고 전능하신 분의 영감이 사람들에게 깨달음을 주시는도다』**(욥 32:8). 사람 안에 있는 영에 깨달음을 주시는 분이 전능하신 분이신데, 그 일이 성령님을 통해 이루어진다고 고린도전서 2:11-13은 말씀하고 있다.

『사람의 일을 그 사람 안에 있는 사람의 영이 아니면 누가 알리요? 이와 같이 하나님의 일도 하나님의 영이 아니면 아무도 모르느니라. 우리가 세상의 영을 받지 아니하고 오직 하나님께로부터 온 영을 받았으니 이는 우리로 하나님께서 우리에게 값없이 주신 것들을 알게 하려 하심이라. 또한 우리가 그것들을 말하되 인간의 지혜가 가르치는 말로 하지 아니하고 성령께서 가르치시는 말로 하나니 영적인 일들을 영적으로 비교하여 말하느니라』(고전 2:11-13).

➡ **성경을 "성령께서 가르치는 말"이라고 한다면, 성경의 기록과 해석에 성령님께서 완전히 개입하신다는 뜻이 된다. 성경은 살아 있다(히 4:12). 왜냐하면 성령께서 그 속에 생명을 불어넣으셨기 때문이다.**

2. 영감에 관한 성경 기록자들의 증언들

성경의 영감에 관해서는 무엇보다도 성경 자체의 증언에 귀를 기울이는 것이 필요한데, 성경 기록자들이 영감에 관해서 그들 스스로 어떻게 말하고 있는가를 살펴보면 영감에 관한 올바른 이해에 도달할 수 있을 것이다. 다음의 증언들은 선지자들과 사도들이 기록한 것이 절대적으로 그리고 전체적으로 하나님께로부터 왔다는 것을 보여 준다.

1) "모세" ➡ **『하나님께서 이 모든 말씀을 일러 말씀하시기를』**(출 20:1), 『모

세가 주의 모든 말씀들을 기록하고』(출 24:4), 『**주께서 명령하신 말씀들이 이러하니**』(출 35:1).

2) "다윗" ➟ 『**주의 영이 나를 통하여 말씀하셨으니, 그의 말씀이 내 혀에 있었도다**』(삼하 23:2).

3) "이사야" ➟ 『**오 하늘들이여, 들으라. 오 땅이여, 귀를 기울이라. 주께서 말씀하셨도다**』(사 1:2).

4) "예레미야" ➟ 『**그때 주의 말씀이 내게 임하여 말씀하시기를**』(렘 1:4).

5) "에스겔" ➟ 『**주의 말씀이 부시의 아들 제사장 에스겔에게 특별히 임하고**』(겔 1:3), 『**그들이 듣든지 그만두든지 간에 너는 내 말을 그들에게 고할지니**』(겔 2:7), 『**그들에게 내 말을 고하라**』(겔 3:4).

6) "다니엘" ➟ 『**다니엘이 자기 침상에서 한 꿈을 꾸고 머릿속에 환상들을 받고서 그가 그 꿈을 기록하고 그 일들의 실상을 말하니라**』(단 7:1).

7) "아모스" ➟ 『**아모스의 말씀들로, 그가 이스라엘에 관하여 본 것이라**』(암 1:1).

8) "마태" ➟ 『**이제 이 모든 일이 일어난 것은 선지자를 통하여 주에 관해 말씀하신 것을 이루려 함이라**』(마 1:22).

9) "마가" ➟ 『**다윗 자신도 성령에 의하여 말하기를**』(막 12:36).

10) "누가" ➟ 『**주께서는 세상이 시작되면서부터 있었던 자기의 거룩한 선지자들의 입을 통하여 말씀하신 것같이**』(눅 1:70), 『**성령께서 다윗의 입을 통해 미리 말씀하신**』(행 1:16).

11) "요한" ➟ 『**예수 그리스도에 관한 계시라. 이는 하나님께서 반드시 속히 일어날 일들을 그의 종들에게 보이시려고 그에게 주신 것이요, 그의 천사를 그의 종 요한에게 보내어 알게 하신 것이니라**』(계 1:1).

전체가 영감으로 기록된 성경

성경은 창세기 1:1부터 계시록 22:21까지, 곧 그 전체 말씀들이 영감으로 기록되었다. 성경 전체가 영감받은 하나님의 말씀이라는 사실은 예수님께서도 강조하셨다. 『**사람이 빵으로만 사는 것이 아니요 하나님의 입에서 나오는 모든 말씀으로 사느니라**』(마 4:4). 『**예수께서 그에게 대답하여 말씀하시기를 "기록되었으되 사람이 빵으로만 사는 것이 아니요, 하나님의 모든 말씀으로 사느니라."고 하시더라**』(눅 4:4). cf. 잠언 30:5 - 『**하나님의 모든 말씀은 순수하니, 그는 자기를 신뢰하는 자들에게 방패시니라.**』

1. 단어

1) 히브리서 12:26,27 - 『**그 때에는 그분의 음성이 땅을 뒤흔들었거니와 이제는 그분께서 약속하여 말씀하시기를 "내가 또 한 번 땅뿐만 아니라 하**

늘까지도 뒤흔들리라."고 하셨느니라. 이 "또 한 번"이라는 말의 의미는 이미 피조된 것들로서 흔들리는 것들을 제거하고 흔들리지 않는 것들을 남겨 두시려는 것이라.』

➠ 26절은 학개 2:6의 말씀을 인용한 구절인데, 단순한 단어들을 사용함으로써 "시내 산에서의 강림"으로 예표되는 "미래의 재림" 때에 심판이 있음을 계시하고 있다.

2) 요한복음 18:36 - 『예수께서 대답하시기를 "나의 왕국은 이 세상에 속한 것이 아니니라. 만일 나의 왕국이 이 세상에 속한 것이라면 내 부하들이 싸워서 나를 유대인들에게 넘어가지 않게 하였을 것이라. 그러나 지금은 나의 왕국이 여기에 속한 것이 아니니라."고 하시더라.』

➠ 이 말씀은 "지금은"이라는 부사를 정확히 사용함으로써, 이 하나의 표현으로 현재가 아닌 미래에 주님의 왕국이 이 땅에 수립될 것을 계시하고 있다. 단어 하나하나에 영감이 주어지지 않았다면 결코 설명할 수 없는 부분이다. 변개된 성경들은 "이제"라고 바꿔 놓음으로써 주님의 왕국이 그 이후로는 지상에 세워질 수 없는 것처럼 만들었다.

2. 시제

1) 요한복음 8:58 - 『예수께서 그들에게 말씀하시기를 "진실로 진실로 내가 너희에게 말하노니, 아브라함이 나기 전부터 나는 있느니라."고 하시니라.』

➠ 이 말씀에서 예수님의 신성이 계시된다. "아브라함이 나기 전부터 나는 있느니라"(Before Abraham was, I am)고 말씀하심으로써 주님 자신이 아브라함이 있기 전부터 "존재하고 계시는"(I am) 하나님

이심을 밝히신 것이다.

2) 마태복음 1:6 - 『**이새는 다윗왕을 낳으니라. 다윗왕은 우리아의 아내였던 여인에게서 솔로몬을 낳고**』

➡ 이 말씀은 "우리아의 아내였던 여인에게서"(of her that had been the wife of Urias)라고 정확한 시제로 기록함으로써 밧세바는 우리아가 죽고 나서 다윗의 아내가 되어 솔로몬을 낳았다는 것을 분명히 제시한다(삼하 12:24). 그러나 변개된 한글개역성경은 "우리아의 아내에게서"라고 함으로써 다윗이 밧세바가 여전히 다른 사람의 아내일 때 솔로몬을 낳은 것처럼 시제를 바꿔 놓았다. 그런 성경들은 영감받은 하나님의 말씀이 될 수 없다.

3. 깨닫지 못한 채 기록한 말씀들

1) 베드로전서 1:10,11은 『**이 구원에 관해서는, 너희에게 임할 은혜에 관하여 예언한 선지자들이 열심히 조사하고 살펴보던 것이며, 그들 안에 계셨던 그리스도의 영이 그리스도의 고난과 다가올 영광을 미리 증거하실 때, 그 영이 무엇을, 또 어떤 시기를 지시하시는지 탐구하던 것이니라.**』라고 말씀하고 있는데, 이 말씀은 구약의 선지자들이 그들 자신이 이해하지 못한 것을 성경으로 기록했음을 보여 준다. 다른 무엇보다도 바로 이 점이 성경이 "하나님의 영감"으로 기록된 초자연적인 책임을 증거해 준다.

2) 다니엘 12:8,9 - 『**내가 들었으나 깨닫지는 못하였더라. 그때에 내가 말하기를 "오 내 주여, 이러한 일들의 마지막에는 어떻게 되겠나이까?" 하**

였더니, 그가 말씀하시기를 "다니엘아, 네 길을 가라. 이는 그 말씀들이 마지막 때까지 닫혀 있고 봉해져 있을 것임이라.』

➡ 이 말씀은 선지자 다니엘이 자신이 이해하지 못한 것을 하나님의 영감으로 주어지자 기록했음을 보여 주고 있다.

성경은 영감받은 "예언의 말씀"이다. 따라서 그 영감받은 말씀을 문자적으로 해석할 때 예언을 올바르게 해석하여 적용할 수 있다. "문자적인 해석"은 성경의 예언들의 성취를 올바로 증거하는 해석 방법이다.

무천년주의자인 해밀턴(Hamilton)은 성경의 문자적인 해석이 "전천년주의"를 낳게 된다고 하면서 다음과 같이 고백했다. "우리는 구약성경의 예언에 대한 문자적 해석이 메시아의 지상 왕국에 대해 전천년주의자가 그리는 바로 그러한 그림을 제시해 준다는 사실을 솔직히 인정한다. 그것이 구약의 약속들에 대한 문자적인 해석에 기초하여 예수 그리스도 당시의 유대인들이 고대하던 바로 그 메시아 왕국이었다."[1] 말하자면 해밀턴은 자신이 문자적인 해석을 따랐다면 자신은 전천년주의자가 되었을 것이라고 인정한 셈이다.

이와 같은 이유로 인해 파인버그(Feinberg) 또한 성경의 예언을 문자적으로 해석하면 무천년주의자들의 주장은 철회되어야 한다고 밝혔다.[2] 성경의 예언들을 문자적으로 해석하면 단 하나의 교리가 나온다. 그것이 바로 "전천년주의"인 것이다.

---

1) Floyd E. Hamilton, *The Basis of Millennial Faith* (Grand Rapids : Wm. B. Eerdmans Publishing Co., 1942) p.38.

2) Charles L. Feinberg, *Millennialism - The Two Major Views,* (Chicago, Ill. : Moody Press, 1980), p.53.

제4과 복습문제

1. 성경은 각 시대에 따른 하나님의 계획과 목적을 보여 주는 (   )의 책이다.

2. 성경의 계시는 점진적으로 향상되어 왔기 때문에 "(   ) 계시"는 성경적인 표현이다.

3. 성경은 인간의 언어로 기록되었으며 해석은 (비유 , 문자)적인 해석을 바탕으로 한다.

4. 성경을 "영감으로 기록하셨다"는 말은 하나님께서 그분의 말씀에 그분의 (   )을 불어넣으셨다는 뜻이다.

5. 성경을 "(   )께서 가르치는 말"이라고 한다면, 성경의 기록과 해석에 (   )께서 완전히 개입하신다는 뜻이다.

6. 구약성경의 예언을 문자적으로 해석하면 (전천년주의자 , 무천년주의자)가 된다.

■ 복습 문제의 정답은 홈페이지(www.solomonbtc.org)에서 확인할 수 있습니다.

NOTES

NOTES

NOTES

제5과

전천년주의 대 후(무)천년주의

『그러므로 그들이 함께 모였을 때에 주께 물어 말씀드리기를 "주여, 이 때에 이스라엘에 그 왕국을 다시 회복하시겠나이까?" 하니 주께서 그들에게 말씀하시기를 "너희에게는 그 때나 시기를 알게 하신 것이 아니요, 아버지께서 자신의 권한에 두셨느니라』(행 1:6,7).

요한계시록이 보여 주는 재림의 시기

주 예수 그리스도께서 재림하시는 시기는 각 시대를 다루시는 하나님의 경영 방침, 곧 "경륜"과 관련된 진리를 푸는 열쇠이다. 그러나 재림의 시기와 관련하여 상당한 의견 차이를 보이는데, 크게 세 부류로 나누면 "전천년주의"와 "후천년주의"와 "무천년주의"이다. "전천년주의"는 주님께서 천년왕국 이전에 오셔서 직접 그 왕국을 수립하시어 통치하신다는 교리이고, "후천년주의"는 주님께서 오시기 전에 인간에 의해 천년왕국이 세워지면 그 천 년 끝에 주님께서 오신다는 교리이다. "무천년주의"는 십자가에서 재림까지의 기간을 "영적인 천 년"으로 잡고, 그 "무한정한 기간" 끝에 주님께서 오셔서 최후의 심판을 하신다는 교리이다. 후천년주의와 무천년주의는 천 년이라는 기간을 무한대로 늘려 놓은 것이기 때문에 사실상 주님의 재림을 기다리지 않는 교리이다.

1. 전천년주의에서 "천 년"은 요한계시록 20:1-7에 기록되어 있는 "천 년"의 기간을 말한다. 이 기간은 성경 곳곳에서 "왕국 시대"라고 불리는 기간이다.

『또 내가 보니, 한 천사가 하늘에서 내려오는데, 그의 손에는 끝없이 깊은 구렁의 열쇠와 큰 사슬을 가졌더라. 그가 그 용을 잡으니, 곧 마귀요 사탄인 옛 뱀이라. 그를 천 년 동안 묶어 두니 그를 끝없이 깊은 구렁에 던져서 가두고 그 위에 봉인하여 천 년이 찰 때까지는 민족들을 다시는 미혹하지 못하게 하더라. 그후에

는 그가 반드시 잠시 동안 풀려나게 되리라. 또 내가 보좌들을 보니, 그들이 그 위에 앉았는데 심판이 그들에게 주어졌더라. 또 예수에 대한 증거와 하나님의 말씀으로 인하여 목 베임을 당한 사람들의 혼들도 보았는데, 그들은 그 짐승에게나 그 형상에게 경배하지 아니하였을 뿐만 아니라 그의 표를 그들의 이마 위에나 손에도 받지 아니하였더라. 그러므로 그들은 살아서 그리스도와 함께 천 년을 통치하더라. 그러나 죽은 자들 가운데서 그 나머지는 천 년이 끝날 때까지 다시 살지 못하리라. 이것이 첫 번째 부활이라. 첫 번째 부활에 참여하는 자는 복되고 거룩하도다. 둘째 사망이 그들을 다스리는 권세가 없고, 오히려 그들이 하나님과 그리스도의 제사장들이 되어 천 년 동안 그와 함께 통치하리라. 그 천 년이 끝나면 사탄이 그의 감옥에서 풀려나』(계 20:1-7).

➠ **요한계시록 20장에서 "천 년"이 "여섯 번" 언급되기에 앞서서 19장에서는 예수 그리스도의 재림이 언급된다(19:11-21)**. 주님의 "지상 재림"이 먼저 있고 나서 그 뒤에 "천 년 통치"가 언급되기 때문에 요한계시록에서 재림과 천년왕국을 기술하는 순서는 전천년주의적이다. 후(무)천년주의는 요한계시록 자체에서도 부인되고 있는 것이다.

■ 새롭게 깨달았거나 적용할 내용이 있다면 적어 보세요. ■

재림의 시기에 관한 이전 기록들

예수 그리스도께서 천년왕국 이전에 재림하실지, 아니면 이후에 재림하실지에 대한 문제의 해답은 요한계시록이 기록되기 훨씬 전부터 기록되었다. 우리는 그 점을 구약의 선지자들과 마태복음 17장의 변형산 사건, 제자들과 주님 사이의 문답에서(행 1장) 찾아볼 수 있다.

1. 구약의 선지자들은 메시아 왕의 통치 아래서 이 땅 위에 의와 화평의 시대가 올 것을 생생한 언어로 예언했다. 메시아께서 오셔야만 수립될 수 있는 왕국이 계시된 것이다.

1) <u>선지자 이사야는 메시아께서 오셔서 의로 심판하시고 나면 화평한 세상이 올 것이라고 예언했다</u>.

■ 이사야 11:1-9 - 『이새의 줄기에서 한 막대기가 나오며 그의 뿌리들에서 한 가지가 자랄 것이라... 그는 자기 눈으로 보는 대로 판단하지 아니하고 귀로 듣는 대로 책망하지도 아니하나, 가난한 자를 의로 판단하며 세상의 온유한 자를 위해서는 정직으로 책망하리라. 또 그는 그의 입의 막대기로 세상을 치고 자기 입술의 호흡으로 악한 자를 죽일 것이라. 의가 그의 허리띠가 되며, 신실함이 그의 옆구리의 띠가 될 것이니라. 또한 이리가 어린양과 함께 거하며 표범이 새끼 염소와 함께 누울 것이요, 송아지와 어린 사자와 살진 짐승이 함께하며 어린아이가 그들을 이끌리라. 암소와 곰이 함께 먹으며 그것들의 새끼들이 함께 누울 것이요,

사자가 소처럼 짚을 먹으리라. 또 젖먹는 아이가 독사의 구멍에서 장난하며, 젖뗀 아이가 독사의 굴에 손을 넣으리라. 그들은 나의 모든 거룩한 산에서 해치거나 파괴시키지 않으리니 이는 마치 물들이 바다를 덮음같이 세상이 **주**의 지식으로 충만할 것임이니라.』

▣ 이사야 35:4-7 - 『두려워하는 마음을 가진 자들에게 말하라. 강건하라. 두려워 말라. 보라, 너희 하나님이 복수하러 오시며, 하나님이 보응하시리니 그가 오시어 너희를 구원하실 것이라. 그때에 소경의 눈이 뜨이며 귀머거리의 귀가 뚫리리라. 그때에 절름발이가 사슴처럼 뛰고 벙어리의 혀는 노래하리라. 광야에는 물이 솟아나오며 사막에는 시내가 흐르리라. 바싹 마른 듯한 땅은 연못이 되며 갈한 땅은 샘물을 내리라. 용들이 각자 눕는 처소에는 갈대와 골풀들로 잡초가 자라리라.』

2) **<u>선지자 다니엘은 『인자』께서 셋째 하늘에서 왕국 통치권을 먼저 받으실 것이고, 땅에 있는 그분의 성도들이 그 왕국을 차지할 것이라고 예언했다.</u>**

▣ 다니엘 7:13,14,18 - 『내가 밤에 환상들을 보았더니, 보라, 인자 같은 분이 하늘의 구름들과 함께 오셔서 옛날부터 계신 분께로 오시니 그들이 인자 같은 분을 그분 앞에 안내하였더라. 거기에서 그분께 통치권과 영광과 왕국이 주어졌으니, 이는 모든 백성과 민족들과 언어들로 그분을 섬기게 하려 함이더라. 그분의 통치권은 사라지지 않을 영원한 통치권이며 그분의 왕국은 멸망하지 않으리라... 그러나 지극히 높으신 분의 성도들이

> 그 왕국을 얻으리니, 영원하고 영원무궁한 그 왕국을 차지하리라.』
>
> ▣ 다니엘 7:22,27 - 『옛날부터 계신 분이 오시니 지극히 높으신 분의 성도들에게 심판이 주어졌고 그 때가 이르자 성도들이 그 왕국을 차지하더라... 그 왕국과 권세와 온 하늘 아래 왕국의 위대함이 지극히 높으신 분의 성도들의 백성에게 주어지리니, 그 왕국은 영원한 왕국이며 모든 권세들이 그분을 섬기고 복종하리라." 하시더라.』

2. 재림을 예시한 변형산 사건이 있기 전에 주님께서는 그분 자신이 왕국을 가지고 오실 것이라고 말씀하셨다. 이것은 왕국이 주님의 다시 오심보다 앞설 수 없음을 보여 준다.

> 『진실로 내가 너희에게 말하노니, 여기 서 있는 사람들 몇은 인자가 그의 왕국으로 오는 것을 볼 때까지 죽음을 맛보지 아니하리라."고 하시더라. 엿새 후에 예수께서 베드로와 야고보와 야고보의 형제 요한을 데리고 따로 떨어져 있는 높은 산으로 올라가시어, 그들 앞에서 변형되시니 그의 얼굴은 해처럼 빛나고 그의 옷은 빛처럼 희어지더라』(마 16:28-17:1,2).

1) 예수님께서 『**진실로 내가 너희에게 말하노니, 여기 서 있는 사람들 몇은 인자가 그의 왕국으로 오는 것을 볼 때까지 죽음을 맛보지 아니하리라.**』(마 16:28)라고 하신 말씀 때문에 어떤 이들은 그 말씀이 이루어지려면 제자들이 살아 있을 동안에 주님께서 돌아오셔서 왕국을 세우셨어야 했는데 그렇게 하시지 않았기 때문에 예수님께서 말씀하신 것은 "영적인"

왕국이라고 주장한다. 그리고 그 왕국은 성령께서 최초로 임하신 오순절 때 시작되었으며 예수님께서 현재 교회를 통해 통치하신다고 말한다.

2) **주님의 제자들 중에서 "여기 서 있는 사람들 몇 사람," 곧 베드로와 야고보와 요한은 실제로 인자가 그의 왕국으로 오는 것을 볼 때까지 죽음을 맛보지 않았다. 왜냐하면 그 변형산 사건이 주님께서 그분의 왕국으로 오시는 재림을 미리 보여 준 사건이었기 때문이다**. 베드로와 야고보, 요한 이 세 제자는 영광 중에 "오시는" 메시아 왕의 모습을 변형산에서 미리 보았던 것이다. 이 "오심"에 관하여 베드로는 다음과 같이 기록했다.

『우리가 우리 주 예수 그리스도의 능력과 오심을 너희에게 알게 한 것은 교묘하게 꾸며 낸 이야기를 좇은 것이 아니라 그의 위엄의 목격자들이었기 때문이라. 지극히 큰 영광으로부터 이러한 음성이 그에게 들려오기를 "이는 내 사랑하는 아들이요 그 안에서 내가 매우 기뻐하노라." 하실 때에 그가 하나님 아버지로부터 존귀와 영광을 받으셨느니라. 이 음성은 우리가 그와 함께 거룩한 산에 있을 때 하늘에서 나온 것을 들은 것이라』(벧후 1:16-18).

3. 예수님께서 승천하시기 전에 제자들은 약속된 메시아께서 통치하시는 "지상 왕국"에 대한 믿음을 보였다.

1) 예수님께서는 그러한 믿음에 대해 그들을 책망하지 않으셨다. 그리고 주님께서는 그 자리에서 승천하셨으며, 왕국 수립에 대한 제자들의 믿음에 부응하여 다시 오실 것이다.

『그러므로 그들이 함께 모였을 때에 주께 물어 말씀드리기를 "주여, 이 때에 이스라엘에 그 왕국을 다시 회복하시겠나이까?" 하니 주께서 그들에게 말씀하시기를 "너희에게는 그 때나 시기를 알게 하신 것이 아니요, 아버지께서 자신의 권한에 두셨느니라. 그러나 성령께서 너희에게 임하시면 너희가 능력을 받으리니 그러면 예루살렘과 온 유대와 사마리아와 땅 끝까지 이르러 내게 증인이 되리라."고 하시니라. 주께서 이런 일들을 말씀하신 후에 그들이 보는 데서 위로 들려 올라가시니 구름이 그들의 시야에서 주를 가리더라. 주께서 올라가실 때에 그들이 하늘을 주시하고 있는데, 보라, 흰 옷을 입은 두 사람이 그들 곁에 서서 말하기를 "너희 갈릴리 사람들아, 어찌하여 너희는 하늘을 쳐다보고 서 있느냐? 너희를 떠나 하늘로 들려 올라가신 바로 이 예수는 너희가 하늘로 가심을 본 그대로 오시리라."고 하더라』(행 1:6-11).

2) 『**주여, 이 때에 이스라엘에 그 왕국을 다시 회복하시겠나이까?**』(6절)라는 질문은 주님께 "사십 일 동안"(3절) 배운 제자들의 입에서 나온 것이었다. 주님께 배운 결과 그들은 왕국 회복을 기대하게 된 것이다.

➡ 주님께서는 그런 제자들을 책망하지 않으시고 『**너희에게는 그 때나 시기를 알게 하신 것이 아니요, 아버지께서 자신의 권한에 두셨느니라.**』(7절)라고 말씀하신 후 그들이 보는 데서 승천하셨다. **제자들 곁에 있던 흰옷을 입은 두 사람은 주님께서 다시 오실 것이라고 말했는데, 이 점은 주님의 다시 오심이 곧 왕국 회복을 의미한다는 점을 문맥상 보여 주고 있다**. 왕국은 반드시 회복될 것인데, 다만 우리가 그 때나 시기를 모를 뿐이다!

승천 이후에 나타난 전천년주의적 기록들

1. 주님께서 승천하신 이후 사도들의 사역은 여전히 사도행전 7장까지 통치자께서 수립하실 "왕국"에 초점이 맞춰져 있었다.

1) 베드로는 앉은뱅이를 일으켜 세운 후 "생명의 통치자"의 부활과 다시 오심을 예언했다.

『너희가 생명의 통치자를 죽였으나 하나님께서는 그를 죽은 자들로부터 살리셨으니 우리가 이 일에 증인들이라... 그러나 하나님께서는 그의 모든 선지자들의 입을 통하여 그리스도가 고난을 받아야 하리라고 미리 선포하신 것들을 이와 같이 이루셨느니라. 그러므로 너희는 회개하고 돌이키라. 그러면 주의 임재하심으로부터 새롭게 되는 때가 올 때 너희 죄들이 지워지리라. 또 하나님께서 전에 너희에게 전파된 예수 그리스도를 보내시리라. 하늘은 만물이 회복될 때까지 그분을 마땅히 받아들여야 하나니 이는 하나님께서 세상이 시작된 이래로 이 일에 관하여 그의 모든 거룩한 선지자들의 입을 통하여 말씀하신 바니라』(행 3:15,18-21).

2) 베드로와 사도들은 유대인들이 십자가에 매달아 죽인 그리스도께서 "통치자"로 높임을 받으셨다고 증거했다(행 5:30,31). "통치자"는 다윗의 보좌에 앉아(눅 1:30-34) 눈에 보이는 정부 형태의(사 9:6) 지상 왕국을 다스리실 예수 그리스도의 이름이다.

3) 스데판은 구약의 선지자들이 메시아의 오심에 관하여 미리 증거했다고

했으며, 바로 그 메시아께서 다시 오셔서 왕국을 회복시키시려고 하늘 보좌에서 일어서신 것을 보기도 했다(행 7:52,55,56).

2. 사도 바울은 예수 그리스도께서 요한계시록 19장의 『**만왕의 왕, 또 만주의 주**』로서, 또한 "유일하신 통치자"로서 다스리시기 위해 자기 때에 나타나실 것이라고 예언했다.

> 『자기 때가 되면 주께서 나타나시리니 그분은 복되시고 유일하신 통치자시요, 만왕의 왕이시며 만주의 주시라. 오직 그분만이 불멸하시며, 어떤 사람도 접근할 수 없는 빛 가운데 거하시며, 어떤 사람도 보지 못하였고 또 볼 수도 없는 분이시니, 그분께 영원한 존귀와 능력이 있기를 원하노라. 아멘』(딤전 6:15).

➡ 여기서 『**자기 때**』는 예수 그리스도께서 다시 보내심을 받는 『**주의 임재하심으로부터 새롭게 되는 때**』(행 3:19)와 『**만물이 회복될 때**』(행 3:21)와 같은 때인 "재림"을 가리킨다.

3. 사도행전 12장에서 순교한 야고보는 순교하기 전에 기록한 서신에서 "주의 오심"에 관해 예언했다.

> 『그러므로 형제들아, 주께서 오실 때까지 인내하라. 보라, 농부가 땅에서 나는 귀한 열매를 바라고 이른 비와 늦은 비를 받을 때까지 오래 참나니 너희도 인내하며 마음을 견고케 하라. 주의 오심이 가까움이라. 형제들아, 정죄받지 않으려거든 서로 원망하지 말라. 보라, 심판하시는 분이 문 앞에 서 계시니라』(약 5:7-9).

구약의 세 왕으로 보는 전천년주의 교리

구약성경에는 사울에서 다윗, 솔로몬으로 이어지는 이스라엘의 세 왕이 등장한다. 이 세 왕의 연속적인 순서(사울 - 다윗 - 솔로몬)가 예표적으로 "대환란(적그리스도) - 재림(정복 전쟁) - 천년왕국(안식)"의 전천년주의 교리를 보여 준다.

1. 사울 왕은 대환란 때의 적그리스도의 예표로서, 그 『불량스럽고 악한 이스라엘의 통치자』(겔 21:25)의 모습을 보여 준다.

➡ 사울은 이스라엘 민족이 하나님의 통치를 거부하고(삼상 8:7) 받아들인 육신적이고 불법적인 왕이라는 점에서 적그리스도의 예표다.

2. 사울 왕 다음에 등장한 다윗 왕은 "재림 때 정복 전쟁을 치르시는 예수 그리스도"를 예표한다.

1) 적그리스도의 예표가 되는 사울 왕이 죽고 이스라엘의 참된 왕이 된 다윗은 그 뒤 정복 전쟁을 펼치는데, 그 전쟁에 관한 내용이 사무엘하 8장에 나온다. 당시에 그가 정복한 땅은 유프라테스강까지 그 경계를 이룸으로써(삼하 8:3) 하나님께서 창세기 15장에서 아브라함에게 하신 약속의 땅의 경계를 회복한 것이 되었다(창 15:18-21).

2) 예수 그리스도께서는 다윗 왕처럼 재림 때 정복 전쟁을 수행하시어 아브라함에게 약속하신 비옥한 초승달 지역을 이스라엘의 열두 지파에게

분배해 주실 것이다(계 19:11-16, 겔 48:1-7,23-29).

3. 다윗 왕을 이은 솔로몬 왕은 "천년왕국 때 주의 보좌에 앉아 통치하실 예수 그리스도"를 예표한다.

➡ 솔로몬은 아브라함에게 약속된 비옥한 초승달 지역을 평화롭게 통치하실(왕상 4:21,24,25) 예수 그리스도의 예표다. 그는 예수 그리스도께서 이 땅에 재림하셔서 앉으실 『**주의 보좌**』에 앉아 통치했다(대상 29:23, cf. 마 25:31).

구약성경에서는 선지자들이 메시아의 오심과 왕국의 수립을 예언했고, 신약성경에서는 사도들이 재림과 지상 왕국의 통치를 예언했다. 또한 구약성경의 맨 마지막 책에서 재림을 다루고 있고(말 4장), 신약성경의 맨 마지막 책에서도 재림을 예언하고 있지만(계 22:20) 아직은 물리적인 지상 왕국이 수립되지 않았다. 그렇다고 해서 예수 그리스도의 재림이 영적인 것이라고 말하는 것이 아니다. 재림이 아직 이뤄지지 않았기 때문에 왕국이 수립되지 않았다는 점을 보여 줄 뿐이다.

주 예수 그리스도께서 천년왕국 이전에 재림하신다는 예언은 성경의 신비를 푸는 열쇠이다. 성경에 기록된 모든 예언의 최종 목적은 주 예수 그리스도의 재림에 있다. 성경의 예언은 미리 기록된 역사이다. 재림의 시기에 관한 성경의 계시들을 온전히 이해하고 예수 그리스도께서 그 진리대로 천년왕국 이전에 재림하신다는 사실을 깨달은 성도는 성경을 체계적으로 깨닫게 될 뿐만 아니라, 시대적인 상황을 올바르게 분별하여 주님의 다시 오심을 대비하는 삶을 살 수 있게 될 것이다.

제5과
복습문제

1. (전천년 , 후천년 , 무천년)주의는 그리스도께서 천년왕국 전에 오셔서 왕국을 수립하신다는 교리이다.

2. 구약의 선지자들은 메시아께서 오시는 사건을 왕국 (앞에 , 뒤에) 두고 예언했다.

3. 변형산 사건은 예수 그리스도의 (　　　　　)을 예시한 사건이었다.

4. 예수님께서 승천하시기 전에 제자들은 약속된 메시아께서 통치하시는 지상 왕국에 대한 믿음이 없었다. (O , X)

5. (통치자 , 구주)는 주 예수 그리스도의 다시 오심 및 지상 왕국과 관련된 이름이다.

6. "적그리스도 - 재림 - 천년왕국"을 예표적으로 보여 주는 세 왕은 (　　　　) - (　　　　) - (　　　　)이다.

■ 복습 문제의 정답은 홈페이지(www.solomonbtc.org)에서 확인할 수 있습니다.

NOTES

NOTES

NOTES

제6과
예언의
두 산봉우리

『그들 안에 계셨던 그리스도의 영이 그리스도의 고난과 다가올 영광을 미리 증거하실 때, 그 영이 무엇을, 또 어떤 시기를 지시하시는지 탐구하던 것이니라』(벧전 1:11).

참된 예언이 될 수 있는 조건

1. 성경을 알기 위해서는 성경의 예언을 연구해야 한다.

1) <u>성경의 3분의 2 이상이 모형과 상징 또는 직접적인 진술로 이루어진 예언들이며, 구약의 예언의 2분의 1 이상과 신약의 대부분이 아직 일어나지 않은 미래의 사건들을 예언하고 있다</u>.

➠ 따라서 예언을 알지 못하면 성경을 알지 못하게 된다. 『**우리에게 더 확실한 예언의 말씀이 있으니, 날이 새어 샛별이 너희 마음에 떠오르기까지 너희가 어두운 곳에서 빛나는 빛에 주의하듯 이 예언의 말씀에 주의하는 것이 잘하는 것이니라**』(벧후 1:19). 성경의 예언은 미래의 역사를 확실히 비춰 주는 빛이며, 죄로 어두운 세상을 헤쳐 나갈 수 있게 해 주는 탐조등이다.

2. 참된 예언이 될 수 있는 조건들은 다음과 같다.

1) <u>예언은 그것이 성취되기 이전에 알려져 있어야만 한다</u>. 사건이 일어난 뒤에 "아, 그것은 옛날에 예언되었던 것이었어."라고 하는 것은 의미가 없다.

2) <u>예언은 모든 인간의 예견을 능가해야 한다</u>. 인간이 예견할 수 있는 것은 하나님께로부터 온 예언이라고 볼 수 없다.

3) <u>예언은 아주 상세해야 한다</u>. 단순히 메시야가 오실 것이라고만 말하면 안 된다. 예를 들어 그분이 베들레헴에서(미 5:2) 남자를 모르는 한 처녀에게

서(사 7:14) 태어나실 것이라고 구체적으로 말해야 참된 예언이 될 수 있다.

4) 선지자 자신이나 그 예언에 관심 있는 어떤 사람도 그 예언을 스스로 성취시킬 수 없도록 하기 위해 **예언이 공표된 때와 성취되는 때 사이에 충분한 시간적 간격이 있어야 한다**.

5) 그 예언의 성취에 대한 **확실한 증거가 있어야 한다**.

3. 예수 그리스도와 관련하여 성취된 예언들

1) 예수 그리스도에 관한 구약성경의 예언들은 다음과 같다.
  (1) 이스라엘로부터 오실 것이다(민 24:17-19).
  (2) 아브라함과 이삭과 야곱의 자손이 될 것이다(창 12:3; 17:19, 민 24:17).
  (3) 다윗의 가문에서 태어나실 것이다(창 49장, 사 11장).
  (4) 베들레헴에서 태어나실 것이다(미 5:2).
  (5) 처녀에게서 태어나실 것이다(사 7:14).
  (6) 태어나실 때가 상세히 예언되어 있다(단 9:25).
  (7) 그리스도의 오심은 그의 선두주자에 의해 선포될 것이다(사 40:3-5).
  (8) 메시아께서는 육신으로 나타나신 하나님이시다(사 9:6).
  (9) 어린 시절을 이집트에서 보내실 것이다(호 11:1).
  (10) 고난을 받고 속죄를 이루실 것이다(사 53장).
  (11) 나귀의 새끼를 타고 예루살렘으로 입성하실 것이다(슥 9:9).
  (12) 친구에 의해 배반당할 것이다(시 41:9).
  (13) 은 삼십에 팔릴 것이다(슥 11:12).
  (14) 거짓 증인에 의해 모함받을 것이다(시 35:11).

(15) 침뱉음을 당하고 사람들에게 맞을 것이다(사 50:6).

(16) 이유 없이 미움을 받을 것이다(시 35:19).

(17) 멸시와 조롱을 당할 것이다(시 22:7,8).

(18) 고통 중에 있을 때 쓸개즙과 식초가 주어질 것이다(시 69:21)

(19) 그분의 뼈는 부러지지 않을 것이다(시 34:20).

(20) 사람들은 그분의 옷을 나눠 갖기 위해 제비를 뽑을 것이다(시 22:18).

(21) 태어나시기 전에 기록된 말씀들을 죽음의 고통 가운데서 하실 것이다(시 22:1).

(22) 범죄자와 함께 죽으실 것이다(사 53:12).

(23) 그분을 배반한 값으로 토기장이의 밭을 살 것이다(슥 11:13).

(24) 부자의 무덤에 장사되실 것이다(사 53:9).

(25) 죽은 자들로부터 일으켜지실 것이다(시 16:10).

2) **예수 그리스도에 관한 구약의 예언들은** ① **모두 성취되기 전에 알려졌었고**, ② **모든 인간의 예견을 능가했으며**, ③ **아주 상세했고**, ④ **공표된 때와 성취되는 때 사이에 충분한 시간적 간격이 있었으며**, ⑤ **그 성취에 대한 확실한 증거가 있다**.

(1) 예수님께서 그분의 죽음을 슬퍼하며 엠마오로 가고 있던 두 제자에게 주님 자신이 "메시아"이심을 확신시키기 위해 동행하신 것은 구약의 예언을 그들에게 가르치시기 위함이었다.

➠ 『**모세와 모든 선지자들로부터 시작하여 자신에 관하여 모든 성경에 있는 것들을 그들에게 설명하시더라**』(눅 24:27). 그날 그 두 제자는 예수님께서 체포되시고 시련을 당하시고 십자가에 죽으시고 장사되시고 부활하실 것이라는 예언을 주님께서 펼쳐 보여 주시는 구약성경을 통해 구체적으로 확인할 수 있었다. 그래

서 그들은 다른 제자들에게 와서 『**주께서 참으로 살아나셨고 시몬에게도 나타나셨다.**』(34절)라고 확신 있게 말했던 것이다.

(2) 어려운 수수께끼도 정답을 알고 나면 쉬워진다.

➠ **성경 속에서 예수 그리스도를 알게 되면 모든 예언이 단순하게 여겨지기 시작한다.** "예수의 증거는 예언의 영"이므로(계 19:10), **성경에 기록된 모든 예언의 목적은 예수님을 증거하기 위한 것이다. 따라서 예언을 연구하는 일은 예수 그리스도를 아는 데 매우 중요하다.**

예언의 두 산봉우리

『그들 안에 계셨던 그리스도의 영이 그리스도의 고난과 다가올 영광을 미리 증거하실 때, 그 영이 무엇을, 또 어떤 시기를 지시하시는지 탐구하던 것이니라』(벧전 1:11). 구약의 선지자들은 성령의 감동으로 예언했으면서도(벧후 1:19-21) 그들 자신이 예언하는 것을 이해하지는 못했다. 그들은 메시아에 대한 모든 예언이 "초림"이라는 한 시기에 모두 이뤄질 것으로 믿었다. 그들에게는 초림과 재림이 모두 한 시점으로 보였기 때문이다. 이 점은 예수 그리스도께서 초림 하셨을 당시의 유대인들이 메시아 왕국이 당장 세워지기를 갈망했던 이유를 설명해 준다. 그들은 메시아의 고난(십자가)과 다가올 영광(면류관) 사이에 끼여 있는 "교회 시대"를 알지 못했던 것이다(벧후 1:11). 선지자들은 그 예언들을 몇 개의 산봉우리들로 보고서 그 산봉우리들이 한데 모여 있는 것으로 생각했다. 이에 반해 우리 그리스도인들에게는 초림과 재림이라는 두 봉우리 사이에 2,000년이라는 시간적 간격이 존재한다는 것이 계시되었다.

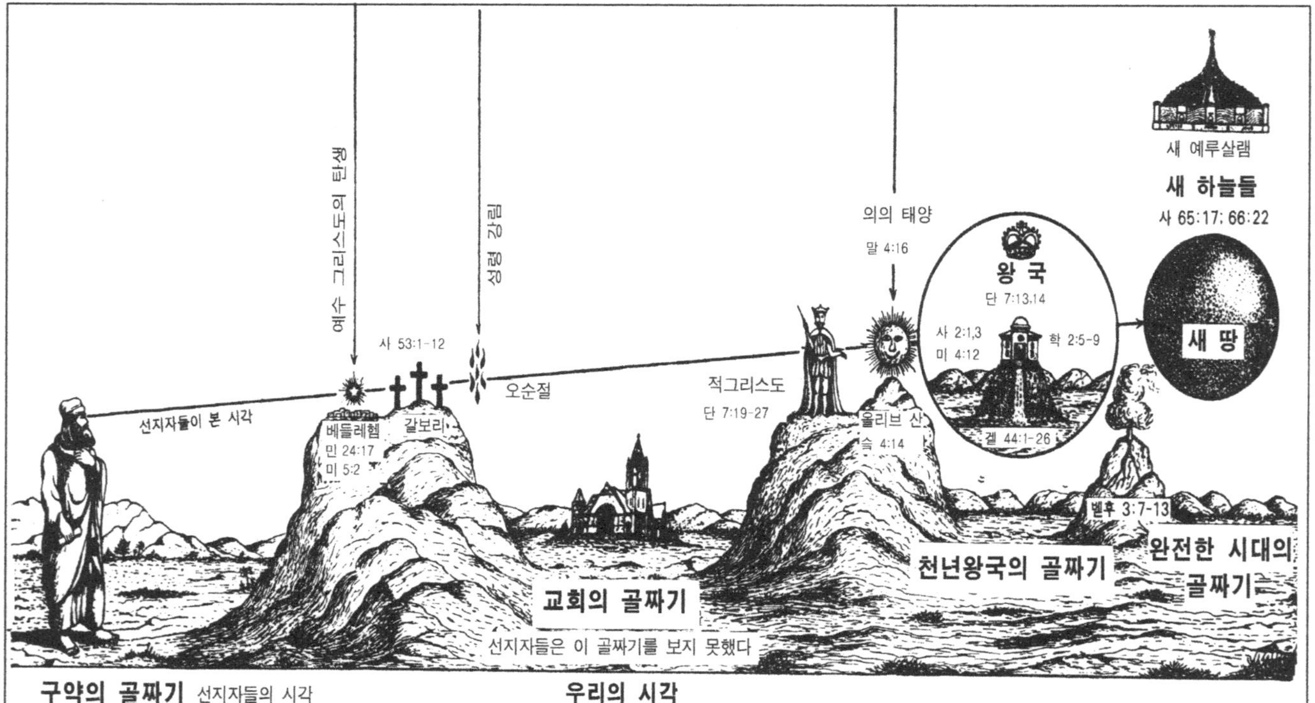

우리의 시각

우리는 측면에서 산봉우리들과 골짜기를 동시에 보고
있기 때문에 초림과 재림의 예언을 구분할 수 있다.

예언의 산봉우리들

본 도표는 구약의 선지자들이 어떻게 해서 초림과 재림을 구분하지 못했는가를 보여 준다. 선지자들의 시각으로는 예수 그리스도의 탄생, 십자가 사건, 성령 강림, 적그리스도, 의의 태양, 천년왕국, 에스겔이 본 성전, 새 하늘과 새 땅 등이 하나의 거대한 산에 속한 산봉우리들처럼 보인 것이다. 하지만 우리처럼 도표를 측면에서 보면, 그 봉우리들이 하나의 산에 속한 것이 아니라 두 개의 산에 속해 있고, 그 사이에는 교회 시대라고 하는 골짜기가 있음을 알 수 있다.

선지자들이 본 것

➡ **선지자들이 본 것을 그 일부만 인용하면 다음과 같다.**

1. 예수님의 탄생

1) 메시아의 탄생은 "**별**"과 관련될 것이다(민 24:17). cf. 마태복음 2:2

2) "**한 처녀**"가 임신하여 하나님의 아들을 낳을 것이다(사 7:14). cf. 마태복음 1:23

3) 메시아께서는 "**다윗의 씨**"로 오실 것이다. 『**주가 말하노라. 보라, 그 날들이 오리니 내가 다윗에게 한 의로운 가지를 일으키리니**』(렘 23:5a). cf. 마태복음 1:1

4) 메시아께서는 **베들레헴**에서 **유대인의 왕**으로서 태어나실 것이다. 『**그러**

나 너 베들레헴 에프라타야, 네가 비록 유다의 수천 가운데서 작을지라도 이스라엘을 통치할 자가 너로부터 내게로 나오리라. 그의 나오심은 예로부터요, 영원부터였느니라』(미 5:2). cf. 마태복음 2:8,9

2. 예수님의 사역

■ 이사야 61:1,2a - 『주 **하나님**의 영이 내게 임하셨으니, 이는 **주**께서 내게 기름을 부으사 온유한 자에게 기쁜 소식들을 전파하게 하셨음이라. 그가 나를 보내심은 마음이 상한 사람들을 싸매고, 포로 된 자에게 자유를, 갇힌 자에게 감옥이 열림을 선포하며, **주**의 기뻐 받으시는 해를 선포하고』

■ 스가랴 9:9 - 『오 시온의 딸아, 크게 기뻐하라. 오 예루살렘의 딸아, 소리지르라. 보라, 네 왕이 네게 오시나니 그는 공의로우시며 구원을 지니셨고, 겸손하시며 나귀를 타시리니 나귀의 새끼인 어린 나귀니라.』

3. 갈보리 ➡ 메시아께서 우리의 죄로 인해 고난을 당하실 것이다.

『...그러나 그는 우리의 허물로 인하여 상처를 입었고, 그는 우리의 죄악으로 인하여 상하였도다. 우리의 화평을 위한 징계가 그에게 내려졌고, 그가 맞은 채찍으로 우리가 치유되었도다. 우리는 모두 양같이 길을 잃어 각자 자기의 길로 돌이켰으나 **주**께서는 우리 모두의 죄악을 그에게 지우셨도다...』(사 53:1-12).

4. 적그리스도

➡ <u>하나님을 대적하여 모독하는 말을 하는 짐승이</u> 등장하여 3년 반 동안

성도들을 괴롭힐 것이고(단 7:19-27), 『**통치자들 중의 통치자**』에 의해 부서질 것이다(단 8:23-25).

5. 재림

1) **하나님께서 이스라엘을 위해 복수하실 것이고 그분의 백성을 슬픔에서 위로하실 것이다**. 『**우리 하나님의 복수의 날을 선포하며, 모든 슬픈 자를 위로하고**』(사 61:2b).

2) 메시아께서 올리브산 위에 서시면 그 산이 둘로 갈라져 옮겨질 것이다(슥 14:4).

3) 인자께서 통치권을 가지고 오셔서 그분의 왕국을 영원히 통치하실 것이다. 『**내가 밤에 환상들을 보았더니, 보라, 인자 같은 분이 하늘의 구름들과 함께 오셔서 옛날부터 계신 분께로 오시니 그들이 인자 같은 분을 그분 앞에 안내하였더라. 거기에서 그분께 통치권과 영광과 왕국이 주어졌으니, 이는 모든 백성과 민족들과 언어들로 그분을 섬기게 하려 함이더라. 그분의 통치권은 사라지지 않을 영원한 통치권이며 그분의 왕국은 멸망하지 않으리라**』(단 7:13,14). cf. 사도행전 1:9-12, 마태복음 24:29-31

6. 천년왕국

1) **민족들이 율법을 배우기 위해 예루살렘으로 몰려들 것이다**. 『**마지막 날들에 주의 전의 산이 산들의 정상에 세워질 것이요, 작은 산들 위에 높아지리니 모든 민족들이 그곳으로 몰려들 것이라. 많은 백성이 가며 말**

하기를 "너희는 오라, 우리가 주의 산에, 야곱의 하나님의 전에 올라가자. 그리하면 그가 그의 길을 우리에게 가르치실 것이며, 우리는 그의 길에서 행하리니 이는 율법이 시온에서 나오며, 주의 말씀은 예루살렘으로부터 나올 것임이라." 하리라』(사 2:2,3). cf. 미카 4:1,2

2) 메시아께서 거하시는 예루살렘은 진리의 성읍이라 불리고 시온산은 거룩한 산이라고 불리면서 그 성읍이 장수하는 사람들로 채워질 것이다(슥 8:3,4).

3) 예루살렘에서는 말방울들과 솥까지도 거룩하게 여겨지고, 주의 집에는 함족이 사라질 것이다(슥 14:20,21).

4) 솔로몬의 성전보다 영광이 더 큰 성전이 세워질 것이다(학 2:5-9). cf. 에스겔 40:1-43:27

5) 적그리스도로부터 구원을 받은 이스라엘에 병자가 사라질 것이고, 만물이 아담의 타락 이전으로 회복될 것이다. 『두려워하는 마음을 가진 자들에게 말하라. 강건하라. 두려워 말라. 보라, 너희 하나님이 복수하러 오시며, 하나님이 보응하시리니 그가 오시어 너희를 구원하실 것이라. 그때에 소경의 눈이 뜨이며 귀머거리의 귀가 뚫리리라. 그때에 절름발이가 사슴처럼 뛰고 벙어리의 혀는 노래하리라. 광야에는 물이 솟아나오며 사막에는 시내가 흐르리라』(사 35:4-6). cf. 이사야 11:4-9; 32장

6) 형제 이스라엘을 박해한 죄 때문에(옵 1장) 에돔 땅은 그 전체가 불못으로 변할 것이다(사 34:5-10). cf. 오바댜 1:15-18

7) 만왕의 왕께서 공의와 정의를 실행하실 것이고, 이스라엘은 그분의 보호 아래 안전하게 거할 것이다. **『한 왕이 치리하고 번성하여 지상에서 공의와 정의를 실행하리라. 그의 날들에 유다는 구원을 받고 이스라엘은 안전하게 거하리라. 이것이 그의 이름이니 그는 '주 우리의 의'라 불리리라』** (렘 23:5b,6).

7. 새 하늘들과 새 땅

➡ 새 하늘들과 새 땅이 창조될 것이다. **『보라, 내가 새 하늘들과 새 땅을 창조하나니 이전 것이 기억되거나 생각나지 아니할 것이라』**(사 65:17). cf. 이사야 66:22, 요한계시록 21:1

선지자들이 보지 못한 것

➡ 선지자들이 보지 못한 것은 교회 시대와 관련된 것들이다.

1. 선지자들은 메시아께서 올리브산 위에 서시는 것만 보았을 뿐(슥 14:4) 올리브산에서 승천하시는 것은 알지 못했다.

『주께서 올라가실 때에 그들이 하늘을 주시하고 있는데, 보라, 흰 옷을 입은 두 사람이 그들 곁에 서서 말하기를 "너희 갈릴리 사람들아, 어찌하여 너희는 하늘을 쳐다보고 서 있느냐? 너희를 떠나 하늘로 들려 올라가신 바로 이 예수는 너희가 하늘로 가심을 본 그대로 오시리라."고 하더라. 그후에 그들은 올리브 산

이라 하는 곳에서 예루살렘으로 돌아왔는데 이 산은 예루살렘에서 가까워 안식일에 다닐 수 있는 거리더라』(행 1:10-12).

2. 선지자들은 재림 때 모든 육체에 주의 영을 부어 주시는 것만 보았다(욜 2:28,29).

➠ 그 대신에 주님께서 부활 승천하신 뒤에 있을 오순절 성령 강림 사건은 보지 못했다(행 2:1-4). 요엘 2:28,29은 오순절 성령 강림 때 성취되지 않았다. 그것은 재림 때 있을 일에 관한 예언이기 때문이다.

3. 선지자들은 구약의 예언들 속에 숨겨진 교회 시대를 보지 못했다.

『이 구원에 관해서는, 너희에게 임할 은혜에 관하여 예언한 선지자들이 열심히 조사하고 살펴보던 것이며, 그들 안에 계셨던 그리스도의 영이 그리스도의 고난과 다가올 영광을 미리 증거하실 때, 그 영이 무엇을, 또 어떤 시기를 지시하시는지 탐구하던 것이니라』(벧전 1:10,11).

1) 10절의 『**구원**』은 『**너희에게 임할 은혜**』, 곧 하나님의 은혜와 관련된 구원이다. 은혜에 관하여 예언한 선지자들은 그 구원에 대해 열심히 조사하고 살펴보았지만 깨닫지는 못했다.

2) 선지자들 안에는 『**그리스도의 영**』이 들어와 계셨는데, 그 영께서 『**그리스도의 고난**』(초림)과 『**다가올 영광**』(재림)을 증거하실 때 선지자들은 그 고난과 영광 사이에 "시간적 간격"가 있을 것이라고는 상상도 못했다.

3) 선지자들의 시야에는 "갈보리의 봉우리"와 "재림의 봉우리"가 중첩되어 들어왔고, 그 사이에 끼인 "교회 시대의 골짜기"(십자가를 통해 태어났고, 그리스도의 의를 선포하는 한 세대 - 시 22:30:31, 사 53:10)는 보지 못했다. 교회 시대, 곧 하나님의 은혜의 경륜은 사도 바울에 와서야 계시되었다(엡 3:1-5).

4. 선지자들은 교회 시대 끝에 있을 휴거를 보지 못했다.

『주께서 호령과 천사장의 음성과 하나님의 나팔 소리와 함께 하늘로부터 친히 내려오시리니 그러면 그리스도 안에서 죽은 자들이 먼저 일어나고 그리고 나서 살아남아 있는 우리도 공중에서 주와 만나기 위하여 그들과 함께 구름 속으로 끌려 올라가리니, 그리하여 우리가 영원히 주와 함께 있으리라』(살전 4:16,17). cf. 고린도전서 15:51,52

■ 새롭게 깨달았거나 적용할 내용이 있다면 적어 보세요. ■

제6과
복습문제

1. 성경을 알기 위해서는 성경의 (   )을 연구해야 한다.

2. 예언은 그것이 (선포 , 성취)되기 이전에 알려져 있어야만 한다.

3. 성경에 기록된 모든 예언의 목적은 (   )을 증거하기 위한 것이다.

4. 선지자들이 보지 못한 것은 (   )와 관련된 것들이다.

5. 『이 구원에 관해서는, 너희에게 임할 (   )에 관하여 예언한 선지자들이 열심히 조사하고 살펴보던 것이며, 그들 안에 계셨던 그리스도의 영이 그리스도의 (   )과 다가올 (   )을 미리 증거하실 때, 그 영이 무엇을, 또 어떤 시기를 지시하시는지 탐구하던 것이니라』(벧전 1:10,11).

6. 교회 시대, 곧 하나님의 은혜의 경륜은 (   )에 와서야 계시되었다.

■ 복습 문제의 정답은 홈페이지(www.solomonbtc.org)에서 확인할 수 있습니다.

NOTES

NOTES

NOTES

<추천도서>

세대적 진리

클라렌스 라킨 지음

322쪽 / 32,000원

이 책은 세대주의 연구의 기초가 되는 책으로 클라렌스 라킨의 역작이며, 성경을 연구하는 모든 그리스도인들의 필독서이다.

열린 성경 닫힌 마음

이송오 지음 / 216쪽

7,000원(eBook 4,900원)

이 책은 성경에 대해 닫혀 있는 눈과 마음을 뜨게 해 주어, 성경을 어떻게 올바로 나누어 볼지 알게 해 주며, 궁극적으로는 진리와 오류를 분별할 수 있도록 해 준다.

잊혀진 진리들

로버트 앤더슨 지음 / 152쪽

3,500원(eBook 2,900원)

주님께서 다시 오신다 약속하시고 승천하신 지 2천 년이 되었건만 아직 주님은 오시지 않았다. 하지만 머지않아 그 약속의 성취를 모두가 목도하게 될 것이다.

새 천년에 이루어질 성경의 예언들

존 F. 월부어드 지음

200쪽 / 7,000원

이미 우리는 예수 그리스도의 초림 이후로 세 번째 천년을 맞이했다. 많은 신실한 전천년주의자들이 이 새 천년에 대한 성경적 예언들을 체계적으로 정리했다.

솔로몬 성경공부 시리즈

세 대 주 의

왜 예언을 공부해야 하는가?

초판1쇄 2021년 5월 28일
초판2쇄 2021년 6월 11일
지 은 이 / 편 집 부
발 행 인 / 이 송 오
발 행 처 / 말씀보존학회
출판등록 / 1988. 12. 12. 제16-223호
주 소 / 서울 강서우체국 사서함 제90호
전 화 / (02) 2665 - 3743
팩 스 / (02) 2665 - 3302
인 터 넷 / www.biblemaster.co.kr

잘못된 책은 바꿔 드립니다.

값 10,000 원